EBS 논술톡의 구성과 특장

1 『EBS 논술톡』은 생각하는 힘을 키우는 독서 논술 교재입니다.

『EBS 논술톡』은 초등학교의 단계별 특징에 맞는 문제를 해결하면서 자기주도적으로 학습할 수 있는 워크북 형식의 초등 독서 논술 교재입니다. 또한 초등학교 학생들의 논리적인 사고력과 창의적인 사고력을 향상시켜 주는 읽기와 쓰기 활동을 강화하였습니다. 초등학교 때 읽기와 쓰기 활동을 통하여 습득한 논리적인 사고력과 창의적 사고력은 모든 교과 학습의 바탕이 되고 사람다운 사람으로 성장하는 데 큰 자양분이 됩니다.

  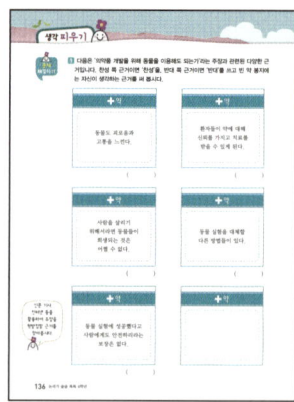

2 『EBS 논술톡』은 창의 인성 교육에 부응하는 독서 논술 교재입니다.

『EBS 논술톡』은 최근 창의 인성 교육의 필요성에 부응하여 나·가족, 학교, 이웃·동네, 국가·세계 등 4개의 대영역으로 구분하고, 인성 덕목 18개의 가치 요소로 나누어 학년별로 체계화하여 제시하였습니다. 인성 덕목 18개의 가치 요소는 학년별 특성에 맞도록 구성하여 하나의 주제로 이야기 글, 기타 글, 논술 주제로 구분하였습니다. 또 소주제를 제시하여 동화, 칭찬하는 글, 기사문, 광고문 등의 특성에 맞게 짜임새 있는 글로 조직하여 학생들에게 전달하고, 그 의미를 생각하게 하며, 이를 어떻게 읽고 자기 것으로 소화시킬 것인지 그에 대한 방법을 제시합니다.

구분	나·가족	학교	이웃·동네	국가·세계
1학년	효도	존중	협동	애국심
	사랑의 표현	사이좋은 친구	서로 돕는 우리	자랑스러운 우리나라
2학년	존중	배려	공익	자연애
	소중한 나	사이좋은 친구들	함께하는 우리	하나뿐인 지구
3학년	효도	책임	협동	애국심
	나의 사랑, 부모님	내 생활의 주인은 나	작은 힘도 모으면 큰 힘	나라 사랑 큰 나무
4학년	성실	자율	인류애	생명 존중
	내 마음 속 진심	나를 찾는 술래잡기	더불어 살아가는 우리	생명 사랑의 실천
5학년	통일의지	정의	존중	준법
	이산가족의 아픔	두 얼굴의 학교생활	모두를 위한 세상	법사랑 행복사회
6학년	절제	성실	예절	평화
	나와의 약속	성공의 열쇠	우리말 나들이	하나 된 지구촌

3 『EBS 논술톡』은 **단계별 활동 중심**의 독서 논술 교재입니다.

『EBS 논술톡』은 단순히 글을 읽고 써 보는 활동이 아닌, 각 소주제에 따라 생각틔우기, 생각키우기, 생각피우기, 생각퍼뜨리기의 4단계로 구성하여 읽고 쓰고 생각하는 활동을 하나의 과정으로 통합하여 제시하였습니다.

글을 읽기 전에 글의 배경을 먼저 알아보고, 자신의 경험을 생각하며 낱말을 익히는 활동을 합니다.

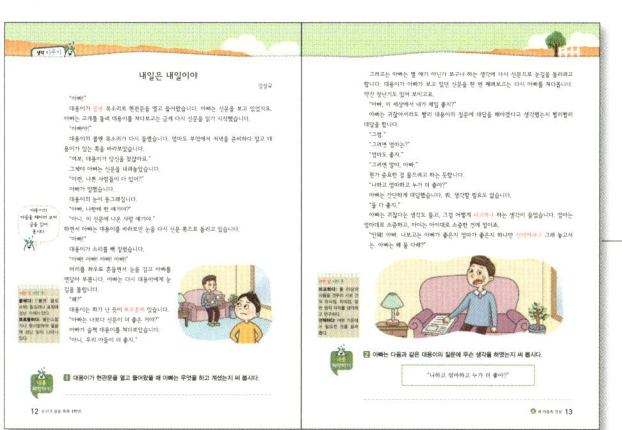

일정한 기준에 따라 글의 내용을 정리하며 글이 어떻게 연결되고 짜여 있는지 파악해 보고, 자신의 느낌과 생각을 표현해 보는 활동을 합니다.

글의 주제나 중심 생각 등에 대해 알아보고 예측해 보는 활동과 자신의 생활과 비교해 보며 글의 내용을 파악하고 확인하는 활동을 합니다.

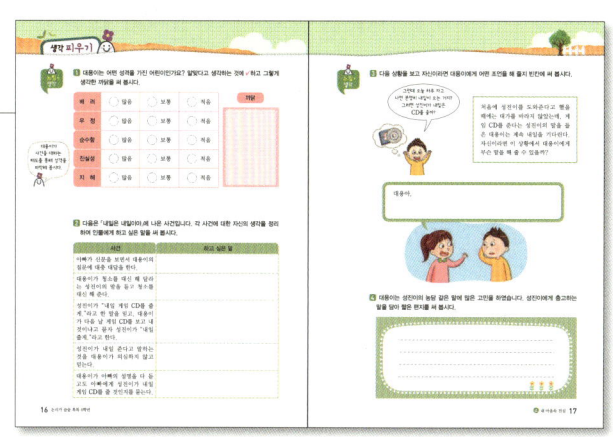

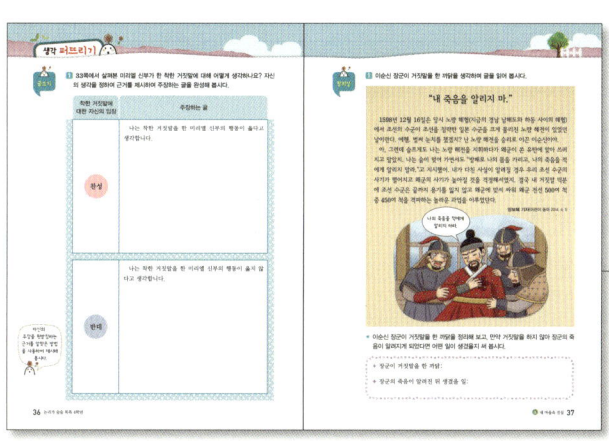

생각피우기에서 정리하고 표현한 내용을 형식화하고 일반화하는 과정을 통해 주제에 맞게 글을 써 보고 작품화하는 활동을 합니다.

EBS 논술톡의 차례

A 내 마음속 진심 | 성실

이야기 글 1. 내일은 내일이야 — 8
- 거짓말과 관련된 경험을 떠올리며 낱말 익히기
- 사건의 전개 과정과 인물의 성격 살피며 내용 파악하기
- 읽은 내용을 파악하며 느낌과 생각 정리하기
- 대가를 받지 않고 노력한 사람에게 주는 상장 만들기

기타 글 2. 정직과 성실의 가치로 행복한 세상 — 19
- 정직의 가치, 기사문의 조건과 구성 요소 알기
- 기사문을 읽고 내용 파악하기
- '초등학생의 거짓말'과 관련된 기사문 쓰기
- 예화 읽고 정직의 가치에 대해 생각하기

논술 주제 3. 착한 거짓말은 해도 되는가 — 28
- 거짓말과 착한 거짓말의 의미 알기
- 글을 읽고 착한 거짓말에 대한 자신의 생각 정리하기
- '착한 거짓말은 해도 된다'는 주장에 대한 근거 찾기
- 입장을 정하여 주장하는 글을 쓰고 역사 속의 착한 거짓말 사례 살펴보기

B 나를 찾는 술래잡기 | 자율

이야기 글 1. 빵점 대장 우건이 — 40
- 시험과 관련된 시를 읽고 낱말 익히기
- 사건의 전개 과정과 인물의 성격 살피며 내용 파악하기
- 내용을 정리하며 자신의 경험과 비교하기
- 비유적 표현을 사용하여 주제 정리 및 심화하기

기타 글 2. 까마귀 소년 김득신 이야기 — 54
- 책의 내용을 예측하며 낱말 익히기
- 이야기를 읽고 내용 파악하기
- 이야기의 흐름 정리하고 인물의 삶의 태도 파악하기
- '1만 시간의 법칙'을 통해 올바른 삶의 태도 다지기

논술 주제 3. 초등학교에서 시험은 필요한가 — 64
- 시험과 관련된 생각 떠올리기
- 초등학교에서의 시험의 필요성에 관한 두 가지 입장 파악하기
- 초등학교에서의 시험의 필요성에 대한 주장과 근거 펼치기
- 주장하는 글을 쓰고 부모와의 갈등 해소 방법 생각하기

C 더불어 살아가는 우리 | 인류애

이야기 글 1. 까만콩 칼라콩 얼룩콩 78
- 필리핀·다문화 가정에 대해 알고 관련 낱말 익히기
- 등장인물에 대해 추측하고 내용 파악하기
- 내용을 정리하고 다문화에 대한 존중과 편견 생각하기
- '좋은 친구 선서문'을 쓰고 다문화 광고 완성하기

기타 글 2. 우리의 도움이 필요해요 91
- 광고를 보고 광고에 대하여 알아보기
- 광고의 요소 파악하고 내용 정리하기
- 아프리카 어린이들의 어려움을 확인하며 공익 광고의 내용 떠올리기
- 아프리카 어린이를 돕기 위한 공익 광고 만들기

논술 주제 3. 다른 나라의 어려움도 도와야 하는가 98
- 지구촌과 세계시민의 의미를 알고 논술 주제 파악하기
- 두 사례를 통하여 입장 비교하고 자신의 입장 정하기
- 자신의 생각을 정리하여 개요 완성하기
- 다른 나라의 어려움을 도와주는 것에 대한 주장하는 글 쓰기

D 생명 사랑의 실천 | 생명 존중

이야기 글 1. 암소 음메의 모험 110
- 이야기와 관련된 배경지식에 대해 알아보고 낱말 익히기
- 목차를 통해 이야기의 줄거리를 추측하고 내용 파악하기
- 등장인물의 행동에 대해 판단하고 등장인물 되어 보기
- 생명을 존중하는 행동을 구별하고 뒷이야기 꾸며 쓰기

기타 글 2. 강아지를 길에 버리지 맙시다 123
- 제안하는 글에 대해 알고 낱말 익히기
- 제안하는 글을 읽고 반려동물이 버려지는 문제 상황 알기
- 동물 등록제에 대해 알고 자신의 의견 정리하기
- 동물 등록제에 대하여 제안하는 글 쓰기

논술 주제 3. 의약품 개발을 위해 동물을 이용해도 되는가 130
- 우주견 라이카 이야기를 통해 논제 파악하기
- 동물 실험에 관한 두 가지 입장을 알고 자신의 입장 정하기
- 자신의 주장을 위한 근거 모으고 개요 완성하기
- 동물 실험에 대해 주장하는 글을 쓰고 동물을 대하는 자세 생각하기

A
내 마음속 진심

성실은 어떤 일에 목표를 세워 놓고 정성과 최선을 다해 꾸준히 노력하는 것입니다. 또한 참으로 가치 있고 의미 있는 것들을 이루기 위해 거짓됨이 없이 정성과 최선을 다해 애써 노력하는 것을 뜻합니다. 자신에게 주어진 일에 성실한 자세로 정직하게 임하는 마음이 무엇보다 중요합니다.

A-1. 내일은 내일이야

- **생각틔우기**
  거짓말과 관련된 경험을 떠올리며 낱말 익히기
- **생각키우기**
  사건의 전개 과정과 인물의 성격 살피며 내용 파악하기
- **생각피우기**
  읽은 내용을 파악하며 느낌과 생각 정리하기
- **생각퍼뜨리기**
  대가를 받지 않고 노력한 사람에게 주는 상장 만들기

A-2. 정직과 성실의 가치로 행복한 세상

- **생각틔우기**
  정직의 가치, 기사문의 조건과 구성 요소 알기
- **생각키우기**
  기사문을 읽고 내용 파악하기
- **생각피우기**
  '초등학생의 거짓말'과 관련된 기사문 쓰기
- **생각퍼뜨리기**
  예화 읽고 정직의 가치에 대해 생각하기

A-3. 착한 거짓말은 해도 되는가

- **생각틔우기**
  거짓말과 착한 거짓말의 의미 알기
- **생각키우기**
  글을 읽고 착한 거짓말에 대한 자신의 생각 정리하기
- **생각피우기**
  '착한 거짓말은 해도 된다'는 주장에 대한 근거 찾기
- **생각퍼뜨리기**
  입장을 정하여 주장하는 글을 쓰고 역사 속의 착한 거짓말 사례 살펴보기

A-1 내일은 내일이야

공부한 날 _____년 _____월 _____일

공부할 문제
「내일은 내일이야」를 읽고, 우리 마음속의 진심이 무엇인지에 대하여 생각해 봅시다.

생각틔우기 • 9
거짓말과 관련된 경험을 떠올리며 낱말 익히기

생각키우기 • 11
사건의 전개 과정과 인물의 성격 살피며 내용 파악하기

생각피우기 • 16
읽은 내용을 파악하며 느낌과 생각 정리하기

생각퍼뜨리기 • 18
대가를 받지 않고 노력한 사람에게 주는 상장 만들기

1. 다음 그림을 보고 빈칸에 알맞은 낱말을 써 봅시다.

거짓말은 □□ 와 같다.
때문에 거짓말은 굴릴수록 점점 커져만 간다.
— 마틴 루터

2. 다음 오른쪽 그림을 보고 보기 의 글자를 참조하여 빈칸에 알맞은 낱말을 만들어 써 봅시다.

한 방울, 한 방울 떨어지는
□□ 방울이 맑은 물을 흐리듯
계속 되풀이되는 □□□ 이
자신의 아름다운 □□ 을 더럽힙니다.

보기
짓, 물, 먹, 음, 거, 마, 말

1 다음 낱말의 뜻풀이를 살펴보고 구슬뽑기 기계에서 글자 구슬을 뽑아 낱말을 완성해 봅시다.

◯메다

낱말 뜻

말소리나 표정에 성난 기색이 있다.

비◯하다

낱말 뜻

둘 이상의 사물을 견주어 서로 간의 유사점, 차이점, 일반 법칙 따위를 생각하고 연구하다.

뽀◯통하다

낱말 뜻

불만스럽거나 못마땅하여 얼굴에 성난 빛이 나타나 있다.

난◯하다

낱말 뜻

이렇게 하기도 저렇게 하기도 어려워 처지가 매우 딱하다.

선◯하다

낱말 뜻

여럿 가운데서 필요한 것을 골라 뽑다.

◯탕

낱말 뜻

한꺼번에 되게 당하는 손해나 곤란.

생각 키우기

 예측하기

1 다음 표지를 살펴보고, 등장인물의 마음을 짐작하여 빈칸에 알맞은 낱말을 **보기** 에서 찾아 써 봅시다.

> 표지를 보면서 글의 내용을 미리 짐작해 보는 것도 재미있는 활동이 될 수 있습니다.

- 표지에 나오는 등장인물 대용이는 친구가 한 거짓말 때문에 ☐☐ 을 하고 있는 것 같습니다.

- 대용이는 친구가 자신에게 한 말을 잘 ☐☐ 할 수가 없는 것 같습니다.

보기

이해, 대가, 거짓, 의미, 고민

2 이야기의 간단한 줄거리를 읽어 보고 등장인물의 마음을 짐작해 봅시다.

> 초등학교 4학년 대용이는 평범한 아이입니다. 공부보다는 컴퓨터 게임을 좋아하고 친구들과 어울려 놀러 다니는 걸 좋아하지만, 엄마한테 혼날까 봐 아주 마음껏 놀지는 못한답니다. 어느 날 대용이에게 친구 성진이가 청소를 부탁하며 내일 선물로 게임 CD를 준다고 합니다. 하지만 다음 날 성진이는 게임 CD가 있으면서도 내일 준다고 하며 약속을 지키지 않았고, 또 그 다음 날에도 내일 준다며 약속을 모른 척합니다.

> 등장인물 대용이와 같은 상황에 놓이게 된다면 자신은 어떤 선택을 할지 생각해 봅시다.

- 자신이 대용이처럼 친구가 한 거짓말에 속았다는 것을 알게 되면 어떻게 하였을까요? 자신의 생각을 써 봅시다.

내일은 내일이야

김상규

"아빠!"

대용이가 볼멘 목소리로 현관문을 열고 들어왔습니다. 아빠는 신문을 보고 있었지요. 아빠는 고개를 돌려 대용이를 쳐다보고는 금세 다시 신문을 읽기 시작했습니다.

"아빠아!"

대용이의 볼멘 목소리가 다시 들렸습니다. 엄마도 부엌에서 저녁을 준비하다 말고 대용이가 있는 쪽을 바라보았습니다.

"여보, 대용이가 당신을 찾잖아요."

그제야 아빠는 신문을 내려놓았습니다.

"이런, 나쁜 사람들이 다 있어?"

아빠가 말했습니다.

대용이의 눈이 동그래집니다.

대용이의 마음을 헤아려 보며 글을 읽어 봅시다.

"아빠, 나한테 한 얘기야?"

"아니, 이 신문에 나온 사람 얘기야."

하면서 아빠는 대용이를 바라보던 눈을 다시 신문 쪽으로 돌리고 있습니다.

"아빠!"

대용이가 소리를 빽 질렀습니다.

"아빠! 아빠! 아빠! 아빠!"

머리를 좌우로 흔들면서 눈을 감고 아빠를 연달아 부릅니다. 아빠는 다시 대용이에게 눈길을 돌립니다.

"왜?"

대용이는 화가 난 듯이 뾰로통해 있습니다.

"아빠는 나보다 신문이 더 좋은 거야?"

아빠가 슬쩍 대용이를 쳐다보았습니다.

"아니, 우리 아들이 더 좋지."

이런 말 이런 뜻
볼메다: ('볼멘' 꼴로 쓰여) 말소리나 표정에 성난 기색이 있다.
뾰로통하다: 불만스럽거나 못마땅하여 얼굴에 성난 빛이 나타나 있다.

내용 파악하기

1 대용이가 현관문을 열고 들어왔을 때 아빠는 무엇을 하고 계셨는지 써 봅시다.

그러고는 아빠는 별 얘기 아닌가 보구나 하는 생각에 다시 신문으로 눈길을 돌리려고 합니다. 대용이가 아빠가 보고 있던 신문을 한 번 째려보고는 다시 아빠를 쳐다봅니다. 약간 장난기도 있어 보이고요.

"아빠, 이 세상에서 내가 제일 좋지?"

아빠는 귀찮아서라도 빨리 대용이의 질문에 대답을 해야겠다고 생각했는지 빨리빨리 대답을 합니다.

"그럼."

"그러면 엄마는?"

"엄마도 좋지."

"그러면 말야, 아빠."

뭔가 중요한 걸 물으려고 하는 듯합니다.

"나하고 엄마하고 누가 더 좋아?"

아빠는 간단하게 대답했습니다. 뭐, 생각할 필요도 없습니다.

"둘 다 좋지."

아빠는 귀찮다는 생각도 들고, 그걸 어떻게 비교하나 하는 생각이 들었습니다. 엄마는 엄마대로 소중하고, 아이는 아이대로 소중한 건데 말이죠.

"안돼! 아빠. 나보고는 아빠가 좋은지 엄마가 좋은지 하나만 선택하라고 그래 놓고서는. 아빠는 왜 둘 다래?"

이런 말 이런 뜻
비교하다: 둘 이상의 사물을 견주어 서로 간의 유사점, 차이점, 일반 법칙 따위를 생각하고 연구하다.
선택하다: 여럿 가운데서 필요한 것을 골라 뽑다.

2 아빠는 다음과 같은 대용이의 질문에 무슨 생각을 하였는지 써 봅시다.

"나하고 엄마하고 누가 더 좋아?"

생각 키우기

아빠는 대용이가 어릴 때부터 장난삼아 그런 물음을 했던 것이 생각났습니다. 대용이에게 엄마, 아빠 중에 누가 더 좋으냐고 묻곤 했지요. 그럴 때마다 대용이는 참 난감했답니다.

이런, 큰일이네요. 모면할 길은 딱 하나뿐입니다. 정말 대용이가 무엇 때문에 그러는지 그 문제를 해결해야겠다는 생각이 들었습니다.

"그래, 그래. 아빠가 신문 그만 볼게. 무슨 일이니?"

대용이는 아빠가 보고 있던 신문을 옆으로 치우고 다가앉았습니다.

"아빠, 사실은 어제 학교에서 나오려고 하는데 성진이가 나를 부르는 거야. 성진이가 청소 당번이었거든. 그런데 자기는 식구들 하고 어디 가야 한다고 나보고 청소를 대신해 달라고 하잖아."

아, 대용이의 진짜 문제는 성진이하고의 문제였군요.

"그래서?"

"해 준다고 했지. 그랬더니 내일 자기 게임 CD를 준다고 그러잖아."

"에이, 친구 사이에 그러는 거 아닌데……."

대가를 바라고 친구의 부탁을 들어주는 건 옳은 일이 아니라고 늘 말해 줬답니다.

"아냐, 내가 뭐 달라고 한 게 아니고, 성진이가 자기가 그런다고 그랬거든."

그런데 문제가 무엇일까요? 아무 문제가 없어 보이는데 말이죠.

"그런데?"

대용이 표정이 조금 어두워졌습니다.

"오늘 학교에서 성진이가 게임 CD를 갖고 있길래, 준다던 게임 CD인 줄 알고 저 게임 CD 나 줄 거냐고 물었지. 그랬더니 성진이가 내일 준다고 했으니까 내일 준다고 그러잖아. 내일이 내일이라고 말야."

아빠는 빙그레 웃습니다. 아하, 이게 문제였네요. 대용이의 순진한 마음이 예쁘기도 하지만, 어떻게 보면 다른 사람의 말에 담긴 속뜻을 잘 구별하지 못하는 게 우습기도 해서요.

아, 이렇게 깨끗한 마음에 어떻게 이야기를 해야 할까. 아빠는 고민이 깊어집니다.

이런 말 이런 뜻
난감하다: 이렇게 하기도 저렇게 하기도 어려워 처지가 매우 딱하다.
대가: 일을 하고 그에 대한 값으로 받는 보수.

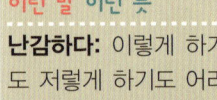

3 성진이가 대용이에게 게임 CD를 준다고 한 까닭은 무엇인지 써 봅시다.

_____

4 성진이가 게임 CD를 갖고 있으면서도 내일 준다고 했을 때 대용이의 기분이 어떠하였을지 써 봅시다.

_____

잠시 뒤 아빠가 조심스레 말을 꺼냈습니다.
"대용아, 말이란 건 참 재미있는 장난감이란다. 변신 로봇처럼 큰돈을 주고 사는 물건도 아니고, 컴퓨터처럼 가지고 다니기 힘든 것도 아니지. 그러면서도 재미있기로는 그런 것들보다 더하단다. 왜 지난번에 대용이도 성진이네 가서 저녁 먹을 때까지도 안 왔잖아? 와서도 성진이랑 무슨 얘기를 했는데 뭐는 어떻고 뭐는 어떻다고 했잖아. 말은 그렇게 재미있기도 하단다.

하지만 그렇게 재미있는 것은 서로 마음을 열고 거짓말을 안 하기 때문이란다. 속이지도 않고 남을 골탕 먹이려고 하지도 않아야 정말 즐거운 이야기를 할 수 있단다. 아마 성진이가 우리 대용이를 좀 놀려 주려고 했었을 거야. 그래서 '내일이 오면'이라는 말로 우리 대용이를 놀린 거지. 자고 일어나면 내일은 또 저만큼 가고, 어제의 내일이 오늘이 되어 있고 말야. 그렇게 생각하면 내일은 아주 오래되어도 오지 못하는 시간일 수 있지. 오지 못하는 시간에 뭔가를 해 주겠다는 이야기는 안 해 주겠다는 이야기와 같은 거잖니? 애초에 그런 마음으로 이야기했다면 참 좋지 않은 거짓말을 한 게지.

이야기를 할 때에는 거짓말하지 말고 솔직하게 해야 하는 것처럼 다른 사람의 말을 들을 때도 그냥 말만 듣지 말고, 그 사람이 자기 마음속에서 나오는 진심으로 말하고 있는 건지 아니면 말해 놓고 책임지지 않으려고 그러는 건지 잘 살펴보아야 한단다."
"아빠!"
아빠는 대용이를 지긋이 쳐다보았습니다. 이 정도면 어떤 게 문제였는지 알았으리라 생각하면서요.
"아빠아!"

이런 말 이런 뜻
골탕: 한꺼번에 되게 당하는 손해나 곤란.
초롱초롱하다: 눈이 정기가 있고 맑다.

대용이가 초롱초롱한 눈빛으로 아빠를 쳐다봅니다.
"그런데 오늘 하루 자고 나면 분명히 내일이 오는 거지? 그러면 성진이가 내일은 CD를 줄까?"
"어이쿠!"

아빠가 넘어질 뻔했지만 아빠 이야기를 들은 건지 만 건지 대용이는 정말 궁금하다는 표정입니다.
도대체 내일은 언제 오는 걸까요?

5 아빠가 넘어질 뻔한 까닭은 무엇인지 써 봅시다.

생각 피우기

1 대용이는 어떤 성격을 가진 어린이인가요? 알맞다고 생각하는 것에 ✓하고 그렇게 생각한 까닭을 써 봅시다.

대용이가 사건을 대하는 태도를 통해 성격을 파악해 봅시다.

				까닭
배 려	○ 많음	○ 보통	○ 적음	
우 정	○ 많음	○ 보통	○ 적음	
순수함	○ 많음	○ 보통	○ 적음	
진실성	○ 많음	○ 보통	○ 적음	
지 혜	○ 많음	○ 보통	○ 적음	

2 다음은 「내일은 내일이야」에 나온 사건입니다. 각 사건에 대한 자신의 생각을 정리하여 인물에게 하고 싶은 말을 써 봅시다.

사건	하고 싶은 말
아빠가 신문을 보면서 대용이의 질문에 대충 대답을 한다.	
대용이가 청소를 대신 해 달라는 성진이의 말을 듣고 청소를 대신 해 준다.	
성진이가 "내일 게임 CD를 줄게."라고 한 말을 믿고, 대용이가 다음 날 게임 CD를 보고 내 것이냐고 묻자 성진이가 "내일 줄게."라고 한다.	
성진이가 내일 준다고 말하는 것을 대용이가 의심하지 않고 믿는다.	
대용이가 아빠의 설명을 다 듣고도 아빠에게 성진이가 내일 게임 CD를 줄 것인지를 묻는다.	

3 다음 상황을 보고 자신이라면 대용이에게 어떤 조언을 해 줄지 빈칸에 써 봅시다.

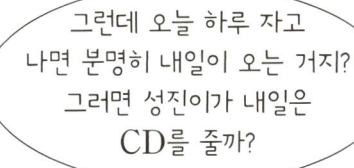

처음에 성진이를 도와준다고 했을 때에는 대가를 바라지 않았는데, 게임 CD를 준다는 성진이의 말을 들은 대용이는 계속 내일을 기다린다. 자신이라면 이 상황에서 대용이에게 무슨 말을 해 줄 수 있을까?

대용아,

4 대용이는 성진이의 농담 같은 말에 많은 고민을 하였습니다. 성진이에게 충고하는 말을 담아 짧은 편지를 써 봅시다.

생각 퍼뜨리기

1. 사람들은 다른 사람이 어떤 일을 해 주면 대가를 지불합니다. 그런데 그렇지 않은 경우도 있습니다. 어떤 경우가 있을지 생각하여 써 봅시다.

2. 1 에서 답한, 대가를 받지 않고 누군가를 위해 노력한 사람에게 상을 줄 수 있는 권한이 자신에게 생긴다면 누구에게 어떤 상을 주고 싶은지 상장을 만들어 봅시다.

제　　　　호

상　　장

A-2 정직과 성실의 가치로 행복한 세상

공부한 날 _____ 년 _____ 월 _____ 일

공부할 문제 '기사문'의 특성을 알고, 정직과 성실의 가치의 소중함을 알아봅시다.

생각틔우기 • 20
정직의 가치, 기사문의 조건과 구성 요소 알기

생각키우기 • 23
기사문을 읽고 내용 파악하기

생각피우기 • 26
'초등학생의 거짓말'과 관련된 기사문 쓰기

생각퍼뜨리기 • 27
예화 읽고 정직의 가치에 대해 생각하기

> 미국 초대 정치인 중의 한 명으로 미국의 '건국의 아버지'로 불려요. <미국 독립 선언문> 작성에 참여하였어요.

정직과 성실을 그대의 벗으로 삼으라.
아무리 친한 친구라 하더라도
마음속에 있는 정직과 성실만큼
그대를 돕지 못한다. 남의 믿음을
잃었을 때 사람은 가장 비참한 것이다.
백 권의 책보다 하나의 성실한 마음이
사람을 움직이는 힘이 더 큰 것이다.

벤자민 프랭클린

생각 틔우기

1 다음 만화를 보고 말하고자 하는 내용이 무엇인지 파악하고, 물음에 답해 봅시다.

■ 출처
『광수 광수씨 광수놈』
글, 그림 박광수
/ 홍익출판사

그림과 내용을 잘 살펴보며 만화에서 말하고자 하는 내용이 무엇인지를 파악해 봅시다.

1 선생님이 말한 두 가지 시험은 무엇인지 써 봅시다.

2 선생님은 어떤 시험이 더 중요하다고 하였는지 써 봅시다.

3 만화를 통해 말하고자 하는 주제는 무엇인지 써 봅시다.

2 기사문이 갖추어야 할 조건이 무엇인지 다음 빈칸에 알맞은 말을 보기에서 찾아 써 봅시다.

> 보기
> 문장, 정보, 관심, 육하원칙, 예의범절

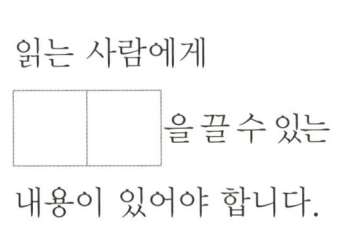
읽는 사람에게 ☐☐을 끌 수 있는 내용이 있어야 합니다.

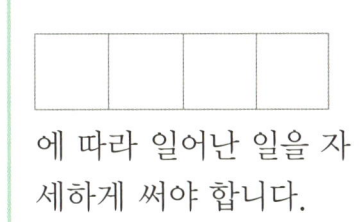
☐☐☐☐에 따라 일어난 일을 자세하게 써야 합니다.

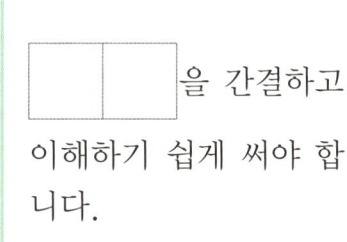
☐☐을 간결하고 이해하기 쉽게 써야 합니다.

육하원칙은 '누가, 언제, 어디서, 무엇을, 어떻게, 왜'의 여섯 가지를 말합니다.

기사문이란 알릴 만한 가치가 있는 사건이나 사실을 신속하고 정확하게 전달하기 위해 쓴 글로, 보통 신문에 실리는 글을 말해요.

3 최근에 관심 있게 본 뉴스나 신문 기사의 내용을 써 봅시다.

최근에 본 기사문의 내용

생각 틔우기

4 다음 기사문을 읽어 보고 빈칸에 들어갈 기사문의 구성 요소를 〈보기〉에서 찾아 써 봅시다.

> 〈보기〉
> 줄거리 또는 요약, 본문, 제목

정직한 초등학생들, 주운 지갑 주인 찾아 돌려줘 ─ [　　]

초등학생들이 길에서 주운 지갑의 주인을 찾아 주는 착한 행동으로 우리의 마음을 따뜻하게 하고 있다. 서울 △△경찰서는 지난 5일 길거리에 떨어져 있는 지갑을 주워 주인에게 돌려준 초등학생 2명에게 표창장을 수여했다고 밝혔다. ─ [　　]

서울 ○○초등학교에 다니고 있는 김 모(12·남) 군 등 2명은 지난달 17일 수업을 마치고 집에 가던 중 길거리에 떨어진 지갑을 발견했다. 지갑 안에는 현금 20만 원과 권 모(92) 할머니의 신분증이 들어 있었다. 하지만 학생들은 조금도 망설이지 않고 주인을 찾아 주기 위해 가까운 지구대를 찾았다.
초등학생들의 정직한 행동으로 지갑을 찾은 권 할머니는 "지갑에 들어 있던 20만 원이 한 달 생활비라며 잃어버려 막막했는데 학생들이 지갑을 찾아 줘 정말 고맙다"고 전했다.
지구대 경찰 관계자는 "적지 않은 돈이 들어 있었는데도 잃어버린 사람의 마음을 생각하며 정직하게 행동한 학생들의 마음이 기특하다"고 말했다. ─ [　　]

이런 말 이런 뜻
수여: 증서, 상장, 훈장 따위를 줌.
막막하다: 꽉 막힌 듯이 답답하다.

제목	기사문을 압축한 어구나 문장으로 간결하게 나타냄.
줄거리 또는 요약	한두 문장 정도로 일어난 사건 등을 대강 간추려 씀.
본문	읽는 이의 궁금증을 해결해 주는 부분으로, 육하원칙에 따라 일어난 일을 자세하고 체계적으로 씀.

다양한 자료를 조사하여 기사문에 사진이나 그림, 도표 등을 넣으면 내용을 더 정확하고 생생하게 전달하는 데 많은 도움이 되어요.

15년간 어린이 안전 지킴이 활동하는 용인의 '뻥튀기 아저씨' 화제

■ 출처
『용인소식 제185호』
/용인시

"뻥튀기 아저씨는 비가 오나 눈이 오나 교통안전을 위해 호루라기를 불면서 우리를 지켜 주세요."

경기도 용인의 구갈초등학교 정문 앞 횡단보도에는 매일 등·하교 시간만 되면 교통 봉사 조끼를 입고 어린이들의 안전을 든든하게 지켜 주는 아저씨가 있다. 그 주인공은 '뻥튀기 아저씨'라고 불리는 이상용 씨(58)이다. 매일 아침 "뻥튀기 아저씨, 안녕하세요. 오늘은 참 멋져요."라며 아이들이 인사를 건네면 아저씨는 방긋이 미소로 답하며 아이들 몇 명에게 뻥튀기를 건네주기도 하는 모습을 볼 수가 있다.

이상용 씨는 지난 2000년부터 15년 동안 어린이들이 건널목을 안전하게 건널 수 있도록 교통 봉사 활동을 하고 있다. 이렇게 봉사를 하게 된 까닭은 아이들이 빨간 신호등이 켜져 있는데도 겁도 없이 막 건너는 모습을 보고 장사도 장사지만 사고 위험에 노출되어 있는 어린이들의 안전이 우선이라는 생각에 등·하교 시간에는 장사를 제쳐 두고 교통 봉사에 나섰다고 한다.

> 기사문을 읽을 때에는 기사문이 갖추어야 할 조건을 잘 갖추고 있는지, 육하원칙에 맞게 썼는지 파악하며 읽습니다.

"우리 아이들도 지금은 서른 살이 넘었지만 모두 구갈초등학교를 졸업했어요. 그래서 아이들이 다 내 자식 같고 가족 같아서 더욱 안전에 신경이 쓰인답니다."

이 학교 전교생은 물론 이 학교를 거쳐 간 졸업생들도 '뻥튀기 아저씨' 하면 모르는 아이들이 없을 정도라고 한다. 몇 년 전부터는 어린이들로부터 감사 편지를 받아 지금까지 받은 감사 편지가 수십 통에 달한다고 한다.

구갈초등학교 3학년 정해인 양은 "우리가 길을 안전하게 건너게 해 주시고, 뻥튀기를 공짜로 주셔서 정말 감사해요. 아저씨에게 감사하다는 말이 산같이 높이 쌓여 있어요."라는 편지를 보내기도 했다. 이상용 씨는 이런 편지를 받을 때마다 아이들에게 너무 고맙고 보람을 느낀다고 한다. 오랜 시간 동안 구갈초등학교 어린이들의 등·하교 안전을 책임져 온 '뻥튀기 아저씨'는 지난 2012년 그의 노고에 감사하는 학부모 및 학교의 추천으로 여성 가족부 장관 표창을 받았다.

오늘도 아이들의 안전을 위해 노력하는 '뻥튀기 아저씨'가 있기에 아이들이 안전하게 등·하교를 할 수 있다. 앞으로도 건강한 모습으로 아이들의 등·하교를 책임져 주시길 바라는 바이다.

이런 말 이런 뜻
노출: 겉으로 드러나거나 드러냄.
노고: 힘들여 수고하고 애씀.

생각 키우기

내용 파악하기

1 23쪽의 기사문을 읽고 물음에 답해 봅시다.

1 아저씨의 직업은 무엇인지 써 봅시다.

2 아저씨가 직업 외에 매일 하고 있는 일은 무엇인지 써 봅시다.

3 아저씨가 봉사를 시작하게 된 까닭은 무엇인지 써 봅시다.

4 아저씨는 아이들에게 감사 편지를 받을 때마다 어떤 마음이 든다고 하였는지 써 봅시다.

2 아저씨에게 본받을 점을 생각하여 보기의 낱말들을 이용하여 짧은 글 짓기를 해 봅시다.

> 아저씨는 자기의 이익과는 전혀 상관 없는 일을 15년 동안 하고 계십니다.

- 보기 -
성실, 안전, 행복

3 자신이 알고 있는 주변의 인물이나 위인 중에 아저씨와 비슷한 삶을 살고 있는 사람을 생각해 보고, 어떤 점이 닮았는지 써 봅시다.

> 남을 위해 봉사하거나 자신을 희생하는 인물을 떠올려 봅시다.

닮은 인물	닮은 점

1 23쪽의 기사문을 읽고 육하원칙에 따라 내용을 표로 정리해 봅시다.

누가	
언제	
어디에서	
무엇을	
어떻게	
왜	

육하원칙에 따라 기사문의 내용을 정리해 보면서 잘 쓴 기사문인지 아닌지를 평가해 보세요.

2 23쪽의 기사문을 기사문이 갖추어야 할 조건에 따라 평가해 봅시다.

확인할 내용	평가
◆ 읽는 이의 관심과 흥미를 끌 만한 내용이었다.	☆☆☆
◆ 육하원칙에 맞게 일어난 일을 자세하게 썼다.	☆☆☆
◆ 읽는 이가 쉽게 이해하도록 문장을 간결하고 정확하게 썼다.	☆☆☆

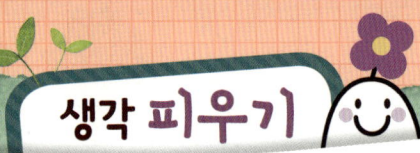

1 다음은 '초등학생의 거짓말'과 관련하여 설문 조사한 자료입니다. 다음의 자료를 바탕으로 하여 기사문을 작성해 봅시다.

설문 주제	초등학생이 거짓말을 하는 이유
주최	○○ 어린이 재단
일시	20○○년 ○○월 ○○일
대상	초등학생 330명
장소	서울에 위치한 여러 초등학교
실시 이유	학생들의 생활 지도에 도움을 얻고자 함.
설문 결과	숙제를 하지 않아 선생님께 혼날까 봐 거짓말했다.(105명)
	학교 숙제를 하기 싫어 숙제가 없다고 부모님께 거짓말했다.(79명)
	갖고 싶은 물건을 사려고 학용품을 산다고 거짓말했다.(58명)
	성적이 떨어져 혼날까 봐 거짓말했다.(57명)
	학원에 가기 싫어 아프다고 거짓말했다.(31명)

기사문의 구성 요소 '제목, 줄거리 또는 요약, 본문'의 형식을 맞춰 써 봅시다.

△△ 신문

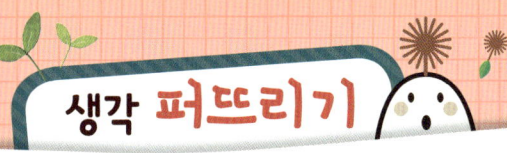

1 다음 글을 읽고 정직의 가치를 마음에 새겨 보고, 평소 자신이 '정직'에 대하여 어떻게 생각하고 있는지 써 봅시다.

정직하면 손해 본다?

정직이라는 교훈을 담은 「금도끼 은도끼」라는 전래 동화가 있습니다. 누구나 다 알고 있는 단순한 구성의 동화이지만, 이 이야기를 곰곰이 되새겨 볼 필요가 있습니다. 정직하고 착한 나무꾼은 쇠도끼는 물론 금도끼, 은도끼도 보상으로 받게 되고, 정직하지 못한 욕심쟁이 나무꾼은 자신의 쇠도끼마저 빼앗기게 됩니다. 욕심쟁이 나무꾼이 거짓말을 한 것은 자신의 욕심을 채우기 위해 거짓말을 하더라도 산신령이 모를 것이라고 생각하였기 때문일 것입니다. 그러나 산신령은 이미 모든 것을 알고 있었습니다.

우리의 현실 세계에서도 마찬가지입니다. 거짓말을 하는 사람은 상대방이 자신의 거짓말을 모를 것이라고 생각하지만, 이미 상대방이 다 알고 있는 경우가 대부분입니다. 자신이 하는 말이 거짓말이라는 것을 다 알고 있는 상대방에게 거짓말을 한다면 누가 더 손해일까요? 상대방보다는 거짓말을 하는 사람이 더 손해일 것입니다. 사람들이 정직하지 못한 사람보다는 정직한 사람에게 훨씬 더 좋은 대접을 하고 호감을 느끼게 되는 것은 당연한 일이니까요.

정직과 관련된 또 다른 이야기로 「양치기 소년」이 있습니다. 여러 번 양치기 소년의 거짓말에 속은 마을 사람들이 더 이상 소년의 말을 믿지 않게 되었고, 소년이 정말 위급한 상황에 처했을 때 마을 사람들의 도움을 받지 못하였다는 이야기입니다. 우리는 이 이야기를 통해 정직하지 못한 말을 하였을 때 처음 한 두 번은 자신이 원하는 이익을 얻을 수도 있지만, 그것이 반복될수록 믿음을 잃게 되어 결국은 치명적인 손해를 입게 된다는 교훈을 얻을 수 있습니다.

김장수 교감선생님(대구 성서초등학교)

이런 말 이런 뜻
호감: 좋게 여기는 감정.
치명적인: 일의 흥망, 성패에 결정적으로 영향을 주는.

A-3 착한 거짓말은 해도 되는가

공부한 날 _____ 년 _____ 월 _____ 일

공부할 문제 '착한 거짓말은 해도 되는가'에 대한 자신의 의견을 주장하여 봅시다.

생각틔우기 • 29
거짓말과 착한 거짓말의 의미 알기

생각키우기 • 32
글을 읽고 착한 거짓말에 대한 자신의 생각 정리하기

생각피우기 • 34
'착한 거짓말은 해도 된다'는 주장에 대한 근거 찾기

생각퍼뜨리기 • 36
입장을 정하여 주장하는 글을 쓰고 역사 속의 착한 거짓말 사례 살펴보기

생각 틔우기

1 다음 그림을 보고 빈칸에 들어갈 낱말을 생각해 봅시다.

「피노키오」

「양치기 소년」

피노키오는 〔　　〕을 하면 코가 길어집니다.

양치기 소년은 늑대가 나타났다는 〔　　〕을 해서 마을 사람들을 속였습니다.

■ 위의 빈칸에 들어갈 말을 생각해 보았나요? 그림의 동화 속 주인공 피노키오와 양치기 소년을 떠올리면 공통적으로 생각나는 낱말을 써 봅시다.

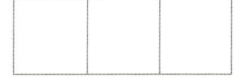

사실이 아닌 것을 사실인 것처럼 꾸며 대어 하는 말을 말해요. 이 말의 반대말은 '참말'이에요.

생각 틔우기

2 다음 글을 읽고 '착한 거짓말'이 무엇인지 알아보고, 물음에 답해 봅시다.

> 살다보면 지켜주고 싶은 거짓말이 하나쯤은 있습니다. 산타클로스 할아버지를 손꼽아 기다리는 어린 아이에게 산타 할아버지가 어젯밤에 다녀갔다며 선물을 내미는 부모님의 거짓말은 거짓말이라도 우리의 마음을 따뜻하게 합니다. 탈무드에서는 남에게 해를 끼치지 않은 이런 거짓말을 '하얀 거짓말'이라고 정의합니다.
>
> 하얀 거짓말은 일상생활 속에서 다른 사람의 기분을 생각하거나 체면을 살려 주기 위해서 하는 가벼운 거짓말을 말합니다. 그래서 그런 거짓말을 '선의의 거짓말' 또는 '착한 거짓말'이라고도 합니다.
>
> 발을 다친 친구의 책가방을 들어 주면서, "난 힘이 세서 힘들지 않아."라고 말하는 것은 거짓말이기는 하지만 친구가 걱정하지 않기를 바라는 마음에서 우러나는 하얀 거짓말입니다. 이런 거짓말에는 기본적으로 다른 사람의 마음을 헤아리는 배려의 마음이 담겨 있습니다. 거짓말이 무조건 좋은 것은 아니지만 가끔은 남을 배려하는 마음이 담긴 하얀 거짓말이 우리의 마음을 풍성하게 하고 희망과 용기를 주기도 합니다.

이런 말 이런 뜻
체면: 남을 대하기에 떳떳한 도리나 얼굴.
배려: 도와주거나 보살펴 주려고 마음을 씀.

1 다음은 '하얀 거짓말'과 같은 의미를 지닌 말들입니다. 빈칸에 알맞은 말을 써 봅시다.

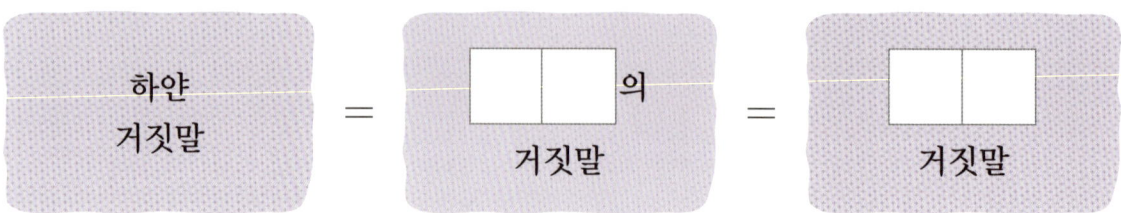

2 자신이 생각하는 '착한 거짓말'은 무엇인지 써 봅시다.

3 착한 거짓말을 하게 되는 경우에는 어떤 것이 있는지 써 봅시다.

3 다음 풍선 안에 있는 다양한 상황을 읽어 보고 착한 거짓말인 경우에는 파란색을, 그렇지 않은 경우에는 빨간색을 색칠해 봅시다.

- 엄마, 아빠가 간밤에 산타클로스 할아버지가 다녀갔다고 아이에게 이야기했어요.
- 늦게까지 게임을 하다 늦잠을 자고 공부를 많이 해서 피곤하다고 부모님께 말했어요.
- 교실 유리창을 깨고 친구가 그랬다고 말했어요.
- 죽음을 앞둔 환자에게 희망을 주기 위해 몸이 점점 좋아지고 있다고 이야기했어요.
- 외모 때문에 고민하는 친구에게 "넌 참 예뻐."라고 말해 주었어요.

A 내 마음속 진심

1 다음 글을 읽고 착한 거짓말에 대한 자신의 생각을 정리해 봅시다.

우리는 어릴 때부터 양치기 소년이나 피노키오의 이야기를 통해 거짓말을 나쁜 것이며 정직한 사람이 되어야 한다고 배웁니다. 그러나 살아가며 우리는 간혹 일부러 하든 모르고 하든 정직하지 못한 말과 행동을 하기도 합니다. 어쩔 수 없이 피노키오, 양치기 소년이 되어 거짓말을 하거나 남을 속이게 되는 경우도 있습니다.

거짓말을 하는 것은 분명 잘못된 행동이지만, 앞뒤의 사정이나 상황에 따라서는 꼭 그렇지 않은 경우도 있습니다. 이처럼 거짓말이기는 하지만 어느 누구에게도 상처나 피해를 주지 않고 다른 사람에게 용기를 주거나 도움을 주는 거짓말을 '착한 거짓말'이라고 합니다.

이런 말 이런 뜻
간혹: 어쩌다가 한번씩.

- '착한 거짓말은 해도 되는가'에 대한 자신의 입장에 맞는 신호등을 선택하여 ✔하고, 그렇게 생각한 까닭을 써 봅시다.

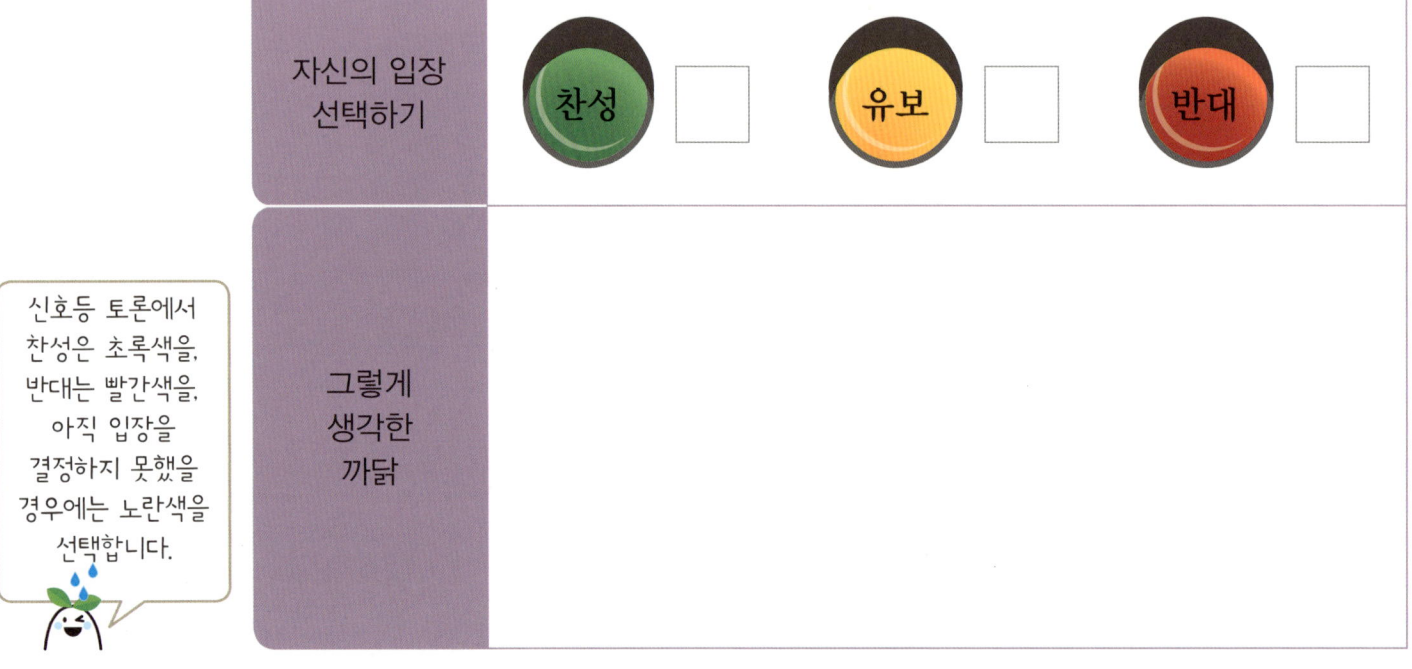

신호등 토론에서 찬성은 초록색을, 반대는 빨간색을, 아직 입장을 결정하지 못했을 경우에는 노란색을 선택합니다.

2 다음은 「레 미제라블」의 내용입니다. 그림과 글을 보고 물음에 답해 봅시다.

청년 장 발장은 한 조각 빵을 훔친 죄로 19년 동안 감옥살이를 하였습니다. 감옥에서 풀려난 뒤에도 전과자라는 이유로 잠 잘 곳도 밥 먹을 곳도 구하지 못하였습니다. 아무도 돌봐 주지 않는 장 발장에게 미리엘 신부는 하룻밤 식사와 잠 잘 곳을 제공해 줍니다. 하지만 그는 미리엘 신부의 집에서 은으로 만든 식기를 훔쳐 도망갑니다.

헌병에게 체포되어 끌려가게 되었을 때 미리엘 신부는 자신이 준 것이라고 말하여 그를 구해 주고 은 촛대까지 얹혀 줍니다.

이런 말 이런 뜻
전과자: 전에 죄를 지어서 형벌을 받은 일이 있는 사람.

1 미리엘 신부가 거짓말을 한 까닭은 무엇이겠는지 써 봅시다.

착한 거짓말을 하게 된 상황에서 착한 거짓말을 하는 사람과 그로 인해 도움을 받은 사람의 마음을 헤아려 봅시다.

2 자신이 만약 장 발장이라면 미리엘 신부에게 어떤 마음이 들었을지 써 봅시다.

생각 피우기

문제해결 방법알기

1 다음은 착한 거짓말에 대한 각각의 입장을 뒷받침해 주는 근거 자료입니다. 잘 읽고, 자신의 주장을 뒷받침하는 데 참고해 봅시다.

〈'착한 거짓말은 해도 된다'는 주장에 찬성하는 입장의 근거 자료 ①, ②〉

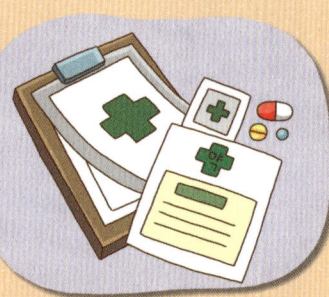

① 플라시보 효과란 약효가 전혀 없는 약을 진짜 약으로 속여 환자에게 복용하게 했을 때, 실제로 효과가 없는 약이라도 환자가 심리적으로 약의 효능을 믿는다면 치료 효과가 나타나는 현상을 말합니다. 플라시보는 라틴어로 '마음에 들도록 한다.'라는 뜻과 '가짜 약'이라는 뜻입니다.

밀가루나 설탕을 반죽한 알약을 환자가 좋은 약으로 알고 복용하였다가 질병이 치료되었다는 경우가 이와 같은 예입니다.

② 미국의 한 대학교에서 실시한 착한 거짓말과 관련된 재미있는 실험 사례도 있습니다. 이 실험에서는 실험에 참가한 50명에게 오늘부터 주위의 사람들에게 "너, 오늘 정말 멋지다.", "너 오늘 굉장히 아름답구나!" 등의 착한 거짓말을 하라고 했습니다. 그로부터 두 달 뒤 실험자들에게 착한 거짓말의 효과에 대해 물었습니다. 그 결과 47명의 학생들이 착한 거짓말이 다른 사람들과의 관계를 좋게 만들어주고 유지하는 데 긍정적인 도움을 주었다고 대답하였습니다.

〈'착한 거짓말은 해도 된다'는 주장에 반대하는 입장의 근거 자료 ③〉

③ 암에 걸려 살 날이 얼마 남지 않은 환자가 치료약이 개발되었다는 이야기를 듣고, 약물치료를 시작한 뒤 몰라보게 건강해져서 퇴원하게 됩니다. 하지만 치료에 쓰였던 그 약이 실은 효과가 없다는 기사가 발표되고 그 기사를 접한 환자가 다시 아프기 시작하더니 결국에는 죽음을 맞이한 경우가 있었습니다.

플라시보 효과의 성공률은 30%에 지나지 않습니다. 따라서 플라시보 효과를 과대 포장하는 것은 옳지 않습니다. 더불어 만약 가짜 약이 쓰였다는 사실이 들통나면, 진짜 약을 줘도 환자가 효과가 없다고 생각하여 약효가 나타나지 않는 '노시보 효과'가 나타날 수도 있습니다.

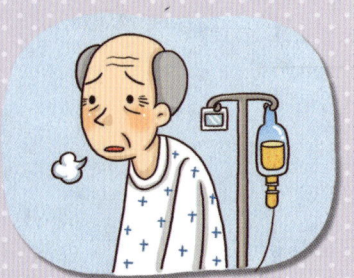

이런 말 이런 뜻
- **약효:** 약의 효험.
- **복용:** 약을 먹음.
- **효능:** 효험을 나타내는 능력.
- **과대 포장:** 작은 것을 큰 것처럼 과장하여 포장하는 것.
- **들통나다:** 비밀이나 잘못된 일 따위가 드러나다.

2 다음은 주장을 근거로 뒷받침하는 방법입니다. 어떤 방법들이 있는지 보기 에서 찾아 써 봅시다.

보기
자세히 설명하기, 예를 들기, 인용하기

착한 거짓말이 좋지 않은 까닭은 그것도 결국에는 거짓말이라는 사실이기 때문입니다. 나중에 그 거짓말이 밝혀졌을 때 거짓말을 당한 사람 입장에서는 더 큰 실망을 할 수도 있습니다.

착한 거짓말이 효과가 있다는 사례는 또 있습니다. 어느 초등학교에서 4~6학년을 대상으로 설문 조사를 한 결과, 선의의 거짓말을 해 본 경험이 있는 학생이 전체 학생 중 85%이고, 이 85%의 학생 중에 주변 사람과의 관계를 좋게 형성하고 유지하기 위해 선의의 거짓말을 했다고 답한 학생이 53%로 가장 높았습니다.

백과사전에 따르면, 노시보 효과(Nocebo Effect)란 '진짜 약을 줘도 환자가 효과가 없다고 생각하면 약효가 나타나지 않은 현상'을 뜻합니다. 약효가 없는 가짜 약을 주었을 때 병세가 좋아지는 플라시보 효과(Placebo Effect)의 정반대 현상입니다.

이와 같이 다양한 방법을 활용하여 근거를 제시하면 주장을 더 확실하게 뒷받침할 수 있어요.

1 33쪽에서 살펴본 미리엘 신부가 한 착한 거짓말에 대해 어떻게 생각하나요? 자신의 생각을 정하여 근거를 제시하여 주장하는 글을 완성해 봅시다.

착한 거짓말에 대한 자신의 입장	주장하는 글
찬성	나는 착한 거짓말을 한 미리엘 신부의 행동이 옳다고 생각합니다.
반대	나는 착한 거짓말을 한 미리엘 신부의 행동이 옳지 않다고 생각합니다.

자신의 주장을 뒷받침하는 근거를 알맞은 방법을 사용하여 제시해 봅시다.

1 이순신 장군이 거짓말을 한 까닭을 생각하며 글을 읽어 봅시다.

"내 죽음을 알리지 마."

　1598년 12월 16일은 당시 노량 해협(지금의 경남 남해도와 하동 사이의 해협)에서 조선의 수군이 조선을 침략한 일본 수군을 크게 물리친 노량 해전이 있었던 날이란다. 에헴. 벌써 눈치를 챘겠지? 난 노량 해전을 승리로 이끈 이순신이야.

　아, 그런데 슬프게도 나는 노량 해전을 지휘하다가 왜군이 쏜 유탄에 맞아 쓰러지고 말았지. 나는 숨이 멎어 가면서도 "방패로 나의 몸을 가리고, 나의 죽음을 적에게 알리지 말라."고 지시했어. 내가 다친 사실이 알려질 경우 우리 조선 수군의 사기가 떨어지고 왜군의 사기가 높아질 것을 걱정해서였지. 결국 내 거짓말 덕분에 조선 수군은 끝까지 용기를 잃지 않고 왜군에 맞서 싸워 왜군 전선 500여 척 중 450여 척을 격파하는 놀라운 과업을 이루었단다.

양보혜 기자(어린이동아 2014. 4. 1.)

■ 이순신 장군이 거짓말을 한 까닭을 정리해 보고, 만약 거짓말을 하지 않아 장군의 죽음이 알려지게 되었다면 어떤 일이 생겼을지 써 봅시다.

　◆ 장군이 거짓말을 한 까닭:

　◆ 장군의 죽음이 알려진 뒤 생겼을 일:

B

나를 찾는 술래잡기

자율은 남의 지배나 구속을 받지 아니하고 자기 스스로의 원칙에 따라 어떤 일을 하는 것, 또는 스스로 자신을 통제하여 절제하는 일을 말합니다. 진정한 자율이란 알맞은 때에 적절하게 자기 주도적으로 생각하고 실천하는 것을 말합니다. 더불어 자율적인 사람은 다른 사람을 배려하며 여러 사람의 의견을 듣고 올바른 판단을 합니다.

B-1. 빵점 대장 우건이

- **생각틔우기**
  시험과 관련된 시를 읽고 낱말 익히기
- **생각키우기**
  사건의 전개 과정과 인물의 성격 살피며 내용 파악하기
- **생각피우기**
  내용을 정리하며 자신의 경험과 비교하기
- **생각퍼뜨리기**
  비유적 표현을 사용하여 주제 정리 및 심화하기

B-2. 까마귀 소년 김득신 이야기

- **생각틔우기**
  책의 내용을 예측하며 낱말 익히기
- **생각키우기**
  이야기를 읽고 내용 파악하기
- **생각피우기**
  이야기의 흐름 정리하고 인물의 삶의 태도 파악하기
- **생각퍼뜨리기**
  '1만 시간의 법칙'을 통해 올바른 삶의 태도 다지기

B-3. 초등학교에서 시험은 필요한가

- **생각틔우기**
  시험과 관련된 생각 떠올리기
- **생각키우기**
  초등학교에서의 시험의 필요성에 관한 두 가지 입장 파악하기
- **생각피우기**
  초등학교에서의 시험의 필요성에 대한 주장과 근거 펼치기
- **생각퍼뜨리기**
  주장하는 글을 쓰고 부모와의 갈등 해소 방법 생각하기

B-1 빵점 대장 우건이

공부한 날 _____ 년 _____ 월 _____ 일

공부할 문제 「빵점 대장 우건이」를 읽고, 공부하는 까닭과 자율적인 공부 방법에 대하여 생각해 봅시다.

생각틔우기 · 41
시험과 관련된 시를 읽고 낱말 익히기

생각키우기 · 44
사건의 전개 과정과 인물의 성격 살피며 내용 파악하기

생각피우기 · 49
내용을 정리하며 자신의 경험과 비교하기

생각퍼뜨리기 · 52
비유적 표현을 사용하여 주제 정리 및 심화하기

빵점 대장 우건이

생각 틔우기

배경 지식

1 다음 시를 읽어 보고 빈칸에 알맞은 제목을 써 봅시다.

울진초등학교 권현석

한 문제 틀려서 옆 짝이 쫘악 그을 땐
내 가슴이 쭉 째지는 것 같다.
맞으면 내 가슴이 펄쩍 뛴다.
나는 틀리고 딴 애가 맞으면
머리에서 뿔이 뿔이 난다.

시를 읽고 시험 볼 때의 경험을 떠올려 보며 제목을 생각해 봅시다.

2 다음 시를 읽고 이 시의 말하는이에게 해 주고 싶은 말을 써 봅시다.

걱정이다

청리초등학교 정익수

걱정이다 걱정 걱정이다 걱정
걱정이다 걱정 걱정이다 걱정
나는 공부를 못 해서 걱정이다.
집에 가면 혼나기만 한다.
맨날 맨날
내 속에는 죽는 생각만 난다.

시 속의 '나'는 어떤 기분과 감정을 느끼고 있는지 짐작해 봅시다.

생각 틔우기

3 여러분은 어떤 일을 스스로 할 수 있나요? 다음의 표를 보고 혼자 할 수 있는 일들은 무엇인지 파악하여 자신이 얼마나 자율적인 어린이인지 점검해 봅시다.

자율성 점검 항목		점검	
	나는 아침에 정해진 시간에 스스로 일어난다.	그렇다	아니다
	나는 스스로 깨끗하게 잘 씻는다.	그렇다	아니다
	내 방 청소는 내가 한다.	그렇다	아니다
	나는 부모님을 도와 집안일을 스스로 한다.	그렇다	아니다
	스스로 준비물을 빠짐없이 챙긴다.	그렇다	아니다
	나는 숙제를 밀리지 않고 미리미리 한다.	그렇다	아니다
	내 공부는 스스로 알아서 한다.	그렇다	아니다
	나는 스스로 계획을 세워 시간을 잘 활용한다.	그렇다	아니다
합계		개	개

점검 항목들에 평소 자신의 습관을 솔직하게 답해 봅시다.

🌱 '그렇다'가 6~8개라면 혼자 힘으로 스스로 잘하는 어린이, 3~5개라면 스스로 하는 힘을 조금 더 길러야 하는 어린이, 1~2개라면 스스로 하는 습관을 많이 길러야 하는 어린이입니다.

1. 낱말의 뜻풀이를 잘 살펴보고 어떤 낱말인지 짐작하여 알맞은 글자를 골라 빈칸에 낱말을 완성해 봅시다.

곰 넉 은 사 살

낱말 뜻
부끄러운 기색이 없이 비위 좋게 구는 짓이나 성미.

렁 얼 땅 뚱 알 똑

낱말 뜻
어떤 상황을 얼김에 슬쩍 넘기는 모양.

허 후 말 버 리

낱말 뜻
하고 있는 말의 중간.

말 동 대 반 도

낱말 뜻
그 뜻이 서로 정반대되는 관계에 있는 말.

B 나를 찾는 술래잡기 43

생각 키우기

1 「빵점 대장 우건이」의 내용 중 우건이 알림장에 적혀 있는 내용입니다. 알림장을 보고 물음에 답해 봅시다.

9월	27일	목요일	선생님 확인		보호자 확인	
준비물: 크레파스, 색종이, 풀							
숙제: 국어 반대말 만들기 37~38쪽 하기						

우건이 어머니!

우건이 국어 공부를 집에서 많이 지도해 주세요.

반대말에 대한 이해가 늦어 반복 연습이 필요합니다.

— 우건이 담임

1 알림장을 살펴보고 알맞은 말에 ○하고, 빈칸에 알맞은 말을 써 봅시다.

◆ 우건이는 (수학, 국어) 실력이 부족한 어린이입니다.
◆ 선생님께서는 우건이 엄마께 (　　　　　)를 많이 지도해 줄 것을 부탁하고 있습니다.

2 알림장을 보여 드린 우건이와 알림장을 본 엄마의 마음은 어떠할까요? 풍선에 우건이와 엄마의 마음에 어울릴 만한 색을 칠하고 그 색을 칠한 까닭을 써 봅시다.

> 색깔로 인물의 감정을 표현할 수 있어요. 인물의 마음을 헤아려 보고 어울리는 색을 자유롭게 떠올려 봅시다.

빵점 대장 우건이

김상규

"엄마, 나 왔어."

우건이가 현관문을 열고 들어옵니다. 통통하고 귀여운 우건이는 항상 잘 웃습니다. 너무 잘 웃어서 친구들은 '웃건이'라고 놀리지만, 그러거나 말거나 우건이는 늘 기분이 좋습니다. 웬만해서 우건이를 화나게 하기는 힘들죠. 이래도 하하, 저래도 하하, 정말 성격 좋은 아이입니다.

"어서 와, 우리 아들. 엄마 보고 싶었어?"

우건이가 엄마를 보고 살살 웃습니다.

"헤헤, 보고 싶었지."

엄마가 우건이를 꼭 안아 줍니다.

"자, 손 씻고 와. 엄마가 간식 줄게. 오늘 간식은 엄마가 특별히 만든 입안에서 살살 녹는 핫케이크란다."

우건이는 우당탕탕 화장실로 달려 들어갑니다. 얼른 손 닦고, 얼굴도 살짝 닦습니다. 거울을 봅니다. 잘생긴 아이가 우건이를 쳐다보고 있습니다. 우건이는 세수하다 말고 품 안에서 하트를 꺼내 보이듯 엄지와 검지로 하트를 만듭니다.

"얼른 나와, 먹자!"

우건이가 또 우당탕 뛰쳐 나옵니다. 그런데 엄마가 가방 속에서 우건이 알림장을 꺼내 보시네요.

9월	27일	목요일	선생님 확인		보호자 확인	

준비물: 크레파스, 색종이, 풀

숙제: 국어 반대말 만들기 37~38쪽 하기

우건이 어머니!

우건이 국어 공부를 집에서 많이 지도해 주세요.

반대말에 대한 이해가 늦어 반복 연습이 필요합니다.

― 우건이 담임

이런 말 이런 뜻
성격: 개인이 가지고 있는 고유의 성질이나 품성.
검지: 집게손가락.

1 친구들이 우건이를 '웃건이'라고 부르는 까닭이 무엇인지 써 봅시다.

생각 키우기

"우건아, 오늘 시험 봤니?"

어허, 거참 신기하네요. 그렇게 즐겁고 넉살 좋은 우건이 얼굴이 금방 시무룩하게 변합니다.

"오늘 국어 시험 봤어?"

우건이는 대답은 안 하고 고개만 끄덕입니다.

"그럼, 어디 보자. 시험 점수가 몇 점이기에 선생님이 이런 말씀을 적으셨을까?"

"엄마, 그게 어쨌든 좋은 말은 아닐 거야."

엄마는 왜 그러냐고 말하려다 말고 그냥 시험지만 쳐다보고 있습니다. 엄마는 잠시 자신의 눈을 의심했습니다.

우건이의 국어 시험 점수는 110점, 아니 0점입니다. 옆으로 보면 110점처럼 보이지만, 다 틀렸으니 0점이지요.

"너, 이게 뭐니?"

"엄마, 난 아무래도 공부, 특히 국어에 소질이 없나 봐. 그냥 공부하지 말까? 빵집 같은 데 가서 빵 만드는 거 배우고, 맨날 빵 실컷 먹을까?"

"너 또 얼렁뚱땅 넘어가려고 그러지. 도대체 왜 맨날 국어 쪽지 시험만 보면 0점이니, 0점이!"

"아냐, 엄마. 전에 20점 받은 적도 한 번 있어."

"어휴, 20점을 지금 잘한 거라고 말하니? 누가 들을까 창피하다, 창피해."

우건이가 다시 시무룩해집니다. '엄마가 나를 창피하게 생각하는 건가?' 하는 생각이 들어서지요.

"엄마, 정말이야. 우리말은 너무 어려워. 오늘은 선생님께서 불러 주시는 낱말의 반대말을 쓰라고 하는데 정말 어려웠어. 아니, 사실 어렵다고 생각하지는 않았는데……."

"그래, 반대말이면 엄마가 생각하기에도 그리 어려울 것은 없을 것 같아."

"알아, 엄마. 근데 이상한 게 내가 반대말이라고 생각해서 적은 것이 다 아니래. 틀렸대."

우건이는 정말 이상하다는 표정을 짓고 엄마를 빤히 쳐다봅니다. 예쁜 아들이 쪽지 시험에서 0점을 받아서 화가 나기는 하지만, 이렇게 세상에서 가장 맑은 눈으로 자신을 쳐다보는 아이를 혼낼 수가 없습니다.

화난 마음이 금세 눈 녹듯 사르르 풀어집니다.

이런 말 이런 뜻
넉살: 부끄러운 기색이 없이 비위 좋게 구는 짓이나 성미.
소질: 본디부터 가지고 있는 성질. 또는 타고난 능력이나 기질.
얼렁뚱땅: 어떤 상황을 얼김에 슬쩍 넘기는 모양. 또는 남을 엉너리로 슬쩍 속여 넘기게 되는 모양.

2 엄마의 화난 마음이 금세 풀린 까닭이 무엇인지 써 봅시다.

_____

이상하다는 표정을 짓고 있던 우건이가 잠시 뒤 입을 열었습니다.
"엄마!"
엄마가 왜 그러냐는 표정으로 우건이를 쳐다봅니다.
"왜애?"
말꼬리까지 길게 뺍니다. 정말 궁금하다는 거죠.
"있잖아, 왜 '할머니'의 반대말이 '형'은 안 돼?"
"무슨 말이니?"
"왜 '어른'의 반대말이 '학생'은 안 돼?"
"뭐?"
"왜 '밥'의 반대말이 '우유'는 안 돼?"
"너, 그게 무슨 소리니?"
우건이가 시무룩한 표정으로 말합니다.
"아까 내가 쪽지 시험에서 반대말을 그렇게 썼거든. 그랬더니 다 틀렸대."
우건이가 많이 속상한 듯 풀 죽은 목소리로 말합니다.
"그래서 결국 0점 받았어. 근데……."
우건이가 아직 하고 싶은 말이 있나 봅니다. 엄마는 우건이의 말허리를 자르지 않고 들어 줍니다. 우건이가 시무룩하니 엄마도 마음이 안 좋습니다. 언제나 밝고 명랑한 우건이가 이렇게 한껏 풀이 죽은 걸 보면 큰일은 큰일입니다.
"난 잘 모르겠어. 왜 안 되는지. 틀렸다니까 그런가 보다 하기는 하는데, 왜 그렇지? 왜 안 되지? 엄마는 알아?"
우건이는 틀린 문제에 대한 설명을 듣지 못한 것 같네요. 아마 선생님께서 바쁘셔서 아이들 하나하나 챙겨서 알려 주시지 못했나 봅니다. 게다가 보통의 아이들이 어려워하는 문제가 아니니 그것도 그럴 것이라고 생각이 듭니다.
"엄마, 나 이런 시험 보면 그냥 틀리고, 이런 숙제를 하라고 하면 전과 베껴서 그냥 내고 말까? 알 수 없는 걸 자꾸 생각하기도 싫어. 음……, 엄청난 스트레스야, 스트레스."
가끔씩 어른들이 하는 말을 이번에는 우건이가 가져다 쓰네요. 스트레스, 스트레스. 그래요. 엄마도 스트레스 받아서 마구 화가 나려고 합니다. 하지만 엄마는 화를 누르고 우건이가 이해할 수 있도록 차분하게 이야기합니다.

이런 말 이런 뜻
말허리: 하고 있는 말의 중간.
스트레스: 적응하기 어려운 환경에 처할 때 느끼는 심리적·신체적 긴장 상태.

3 우건이가 특히 어려워하는 것이 무엇인지 써 봅시다.

___

4 엄마는 우건이의 말을 끝까지 듣고 어떻게 하였는지 써 봅시다.

___

생각 키우기

"우건아, '아빠'의 반대말은 무엇이니?"
"에이, '엄마'!"
그것도 모르겠냐는 거지요.
"그럼, '엄마'의 반대말로 '우건이'는 어때?"
우건이가 갑자기 갸우뚱합니다. 이건 이상하다는 표정입니다.
"그건 아닐 거 같은데, '아빠'는 '엄마'랑 반대니까 '엄마'는 '아빠'랑 반대여야지."
"그래, 그럼 '우건이'랑 '엄마'랑은 반대가 되면 안 되는 거야?"
"음……, 안 돼. 난……, 난, 엄마 편이니까."
우건이 "하하하" 하고 웃습니다. 마음이 조금 풀리나 봅니다. '이렇게 엄마랑 이야기하다 보면 마음이 풀려서 참 좋단 말이야.' 하고 우건이는 생각하는 것 같습니다.
"'엄마'랑 '아빠'는 나이도 비슷하고, 한집에 같이 사는데, 남자냐 여자냐만 다르지."
"응, 그러니까 반대말이지."
"그러면 '우건이'는?"
"음……, 나도 한집 살고, '엄마'랑 남자, 여자 다르니까 될 거 같기도 한데……."
"뭐가 하나 더 차이 나는 게 있잖아."
"아, 나이!"
"그래, 나이. 그러면 남자, 여자라는 점도 다르고, 나이 대도 다르네? '엄마', '아빠'는 나이 대는 비슷하고 남자, 여자라는 성별에서만 차이가 있고 말이야."
"아, 그러면 '할머니'하고 '형'은 남자, 여자에 나이도 다른 거구나!"
"그래. 그래서 이런 낱말 사이는 반대말이라고 안 해."
"그러면 반대말은 여러 가지 면에서 다르면 안 되고 하나만 달라야 하는 거야?"
"그렇지. 말에도 규칙이라는 것이 있는데, 반대말은 '두 낱말 사이에서 기준을 정해 나머지 특징은 같고 어느 한 가지 특징만 다를 때' 되는 거야."
"그러면 '어른'은 나이를 기준으로 한 가지만 달라야 하니까 '학생'은 안 되겠네. 학생 중에는 대학생처럼 어른인 학생도 있으니까. '소녀'는 나이는 비슷하고 성별만 다른 '소년'으로 해야 하나?"
그러더니 우건이가 환하게 웃습니다.
"아, 이제 알겠다. 우리말이 그렇게 어려운 것이 아니었구나. 이제 결심했어. 어렵다고 생각했던 국어 문법을 찾아 매일 스스로 공부해 보기로."

> '총각'과 '처녀', '위'와 '아래', '작다'와 '크다' 등과 같이 한 쌍의 말 사이에 서로 공통되는 의미 요소가 있으면서 동시에 서로 다른 한 개의 의미 요소가 있어야 반대말이 됩니다.

이런 말 이런 뜻
반대말: 반의어. 그 뜻이 서로 정반대되는 관계에 있는 말.

5 우건이가 결심한 것은 무엇인지 써 봅시다.

___

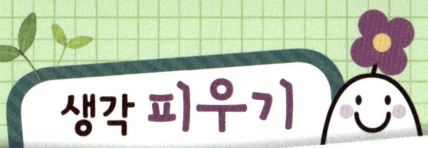 

1. 「빵점 대장 우건이」를 읽고, 글의 내용으로 알맞은 것에는 ○를, 알맞지 않은 것에는 ✕해 봅시다.

- 우건이는 시험에서 100점을 맞았다. ( )
- 선생님은 우건이 부모님께 상장을 보냈다. ( )
- 우건이는 학교에서 친구들에게 빵점 대장이라고 놀림을 당하였다. ( )
- 우건이는 공부가 뜻대로 안 된다고 생각했다. ( )
- 엄마는 우건이를 칭찬하셨다. ( )
- 우건이는 공부를 하다 엄마에게 대들었다. ( )
- 엄마는 우건이에게 화내기보다 차분하게 알려 주셨다. ( )
- 우건이는 자기가 왜 틀렸는지 알게 되었다. ( )
- 엄마는 우건이에게 국어를 가르쳤다. ( )

2. 인물의 행동을 통해 알 수 있는 인물의 성격을 써 봅시다.

인물	인물의 행동	성격
 우건이	◆ 너무 잘 웃어서 친구들은 '웃건이'라고 놀리지만, 그러거나 말거나 우건이는 늘 기분이 좋습니다. 웬만해서 우건이를 화나게 하기는 힘들죠.	
 엄마	◆ 엄마는 우건이의 말허리를 자르지 않고 들어 줍니다. ◆ 하지만 엄마는 화를 누르고 우건이가 이해할 수 있도록 차분하게 이야기합니다.	

인물의 말과 행동을 잘 살펴보면 인물의 성격을 파악할 수 있습니다.

생각 피우기

1 우건이에게 있었던 일과 비슷한 자신의 경험을 떠올려 보고 정리하여 봅시다.

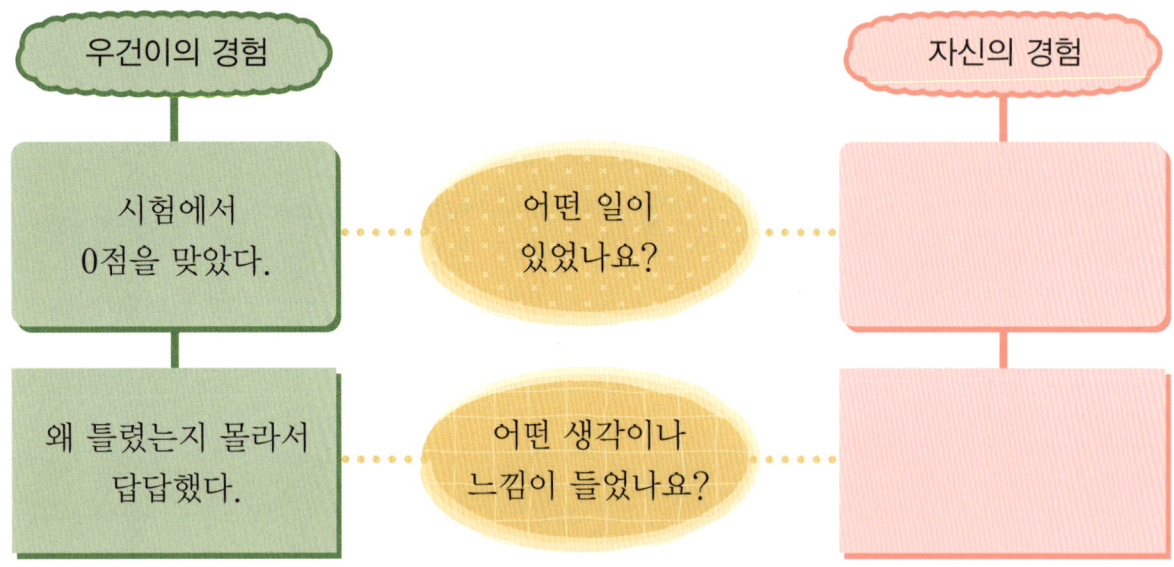

2 등장인물과 자신의 모습을 비교하여 비슷한 점과 차이점을 써 봅시다.

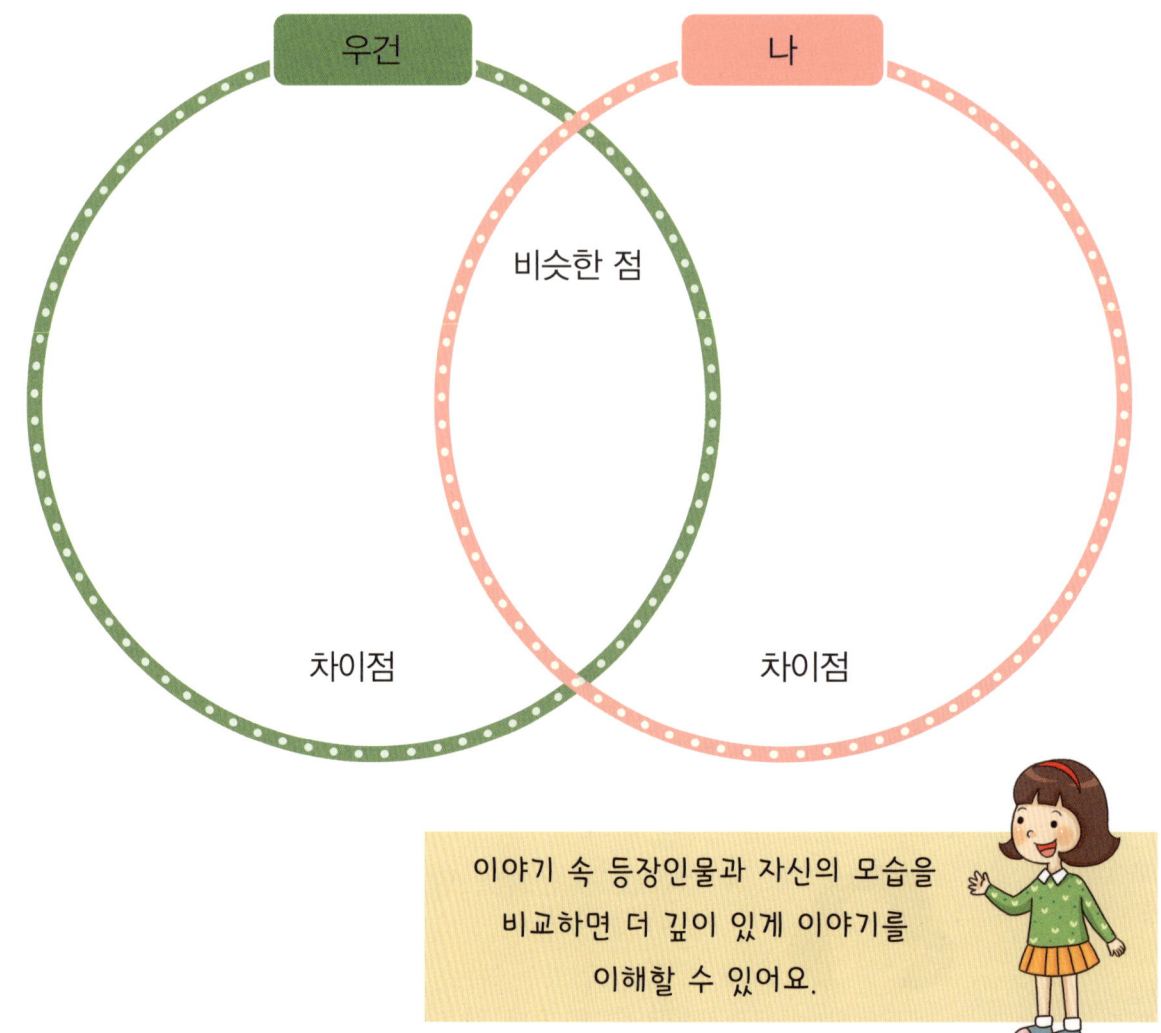

이야기 속 등장인물과 자신의 모습을 비교하면 더 깊이 있게 이야기를 이해할 수 있어요.

3 다음은 우건이가 쓴 일기입니다. 우건이가 쓴 일기를 보고 자신이 우건이라면 어떤 일기를 쓸지 생각하여 빈칸에 일기를 써 봅시다.

○월 ○일 날씨: 해가 쨍쨍

백점 대장이 될 거야

　오늘 학교에서 국어 쪽지 시험을 봤다. 말도 안 되게 빵점을 맞았다. 선생님께서 알림장에 쓰셔서 엄마도 알게 되셨다. 혼날까 봐 걱정하였는데 그러지는 않았다. 대신 나는 엄마와 공부를 했다. 반대말 쓰는 문제가 왜 틀렸는지 이유를 몰랐었는데, 엄마랑 이야기하다 보니 알게 되었다. 엄마에게는 빵점 대장을 백점 대장으로 만들 수 있는 마술이 있나 보다. 다음부터 국어 공부를 열심히 해야겠다.

월   일 날씨:

제목:

생각 퍼뜨리기

1. '공부'와 '시험'에 대한 자신의 생각을 «보기»와 같이 비유적으로 표현해 봅시다.

보기

공부는 방향을 알려 주는 나침반이다.
왜냐하면 우리의 인생의 방향을 나침반처럼 알려 주기 때문이다.

1

공부는 _____ 이다.
왜냐하면 _____
_____ 때문이다.

보기

시험은 아픈 곳을 진단해 주는 의사 선생님이다.
왜냐하면 우리가 공부한 것 중에 부족한 부분이 어디인지 정확하게 알려 주기 때문이다.

2

시험은 _____ 이다.
왜냐하면 _____
_____ 때문이다.

2 다음 시를 읽고 물음에 답해 봅시다.

큰길로 가겠다
김형삼

집에 가려는데 저 앞에 아이들이 있다.
아이들이 날 보면 나머지라 할까 봐
아무도 없는 좁은 길로 간다.
왜 요런 좁은 길로 가야 하나
언제까지 이렇게 가야 하나
난 이제부터 누가 뭐래도
큰길로 가겠다.

1 이 시의 말하는이는 왜 좁은 길로 다녔는지 써 봅시다.

_____

2 이 시의 말하는이는 스스로 무엇을 다짐했는지 써 봅시다.

_____

3 다음은 이 시를 읽고 한 친구가 쓴 독서 감상문입니다. 빈칸에 알맞은 낱말을 «보기»에서 찾아 써 봅시다.

> 시를 통해 전하고자 하는 생각을 깊이 있게 살펴봅시다.

«보기»

자신감, 걱정, 용기, 고민, 열등감

> 나는 「큰길로 가겠다」라는 시를 읽고 '큰길'이라는 말이 마음에 와 닿았다. 이 시에서 말하는 '큰길'이란 지금까지의 부끄러움을 버리고 ☐☐ 와 ☐☐☐ 을 가지고 앞으로 당당하게 살아가겠다는 말하는이의 다짐을 표현한 말인 것 같다. 나도 말하는이의 마음을 본받아 큰 마음을 지닌 사람이 되어야겠다.

B-2 까마귀 소년 김득신 이야기

공부한 날 _____ 년 _____ 월 _____ 일

공부할 문제 '위인전'의 특성을 알고 공부를 대하는 자세에 대하여 생각해 봅시다.

생각틔우기 • 55
책의 내용을 예측하며 낱말 익히기

생각키우기 • 59
이야기를 읽고 내용 파악하기

생각피우기 • 61
이야기의 흐름 정리하고 인물의 삶의 태도 파악하기

생각퍼뜨리기 • 63
'1만 시간의 법칙'을 통해 올바른 삶의 태도 다지기

읽고 또 읽고 같은 책을 일만 번이나 읽었다고? 조선 제일의 바보가 공부 벌레, 책벌레로 거듭나는 이야기래요.

1 「조선 제일 바보의 공부」라는 제목을 보고, 어떤 이야기일지 짐작하여 써 봅시다.

2 다음은 「조선 제일 바보의 공부」의 한 장면입니다. 그림을 살펴보고 물음에 답해 봅시다.

1 소년은 왜 울고 있을지 상상하여 써 봅시다.

2 소년의 아버지는 소년에게 무슨 말씀을 하셨을지 상상하여 아버지의 말주머니에 들어갈 알맞은 말을 써 봅시다.

배경 지식

3 다음은 「조선 제일 바보의 공부」에 나오는 여러 장면들입니다. 그림을 살펴보고 물음에 답해 봅시다.

글을 읽을 때 그림 곳곳에 숨겨져 있는 장면을 꼼꼼히 살펴보며 읽으면 이야기를 더 재미있게 읽을 수 있습니다.

1 이 그림을 통해 글에 나오는 등장인물에는 누가 있는지 찾아 써 봅시다.

_____

2 7개의 그림에 공통적으로 나오는 동물은 무엇인지 빈칸에 쓰고, 그것을 장면마다 그린 까닭은 무엇이겠는지 써 봅시다.

그려 있는 동물이 어떤 이미지를 가지고 있는지 생각해 봅시다.

공통으로 나오는 동물	
그린 까닭	

4 다음 장면과 내용에서 설명하는 역사 속 위인은 누구일지 찾아 빈칸에 알맞은 이름을 써 봅시다.

만 번 이상 읽은 책이 36권.
사마천 『사기』 중 「백이전」만
11만 3천 번을 읽었다.

모든 것이 남보다 늦던 어린 시절.
10세에 겨우 글을 배우기 시작,
20세에 처음 글 한 편을 지었다.

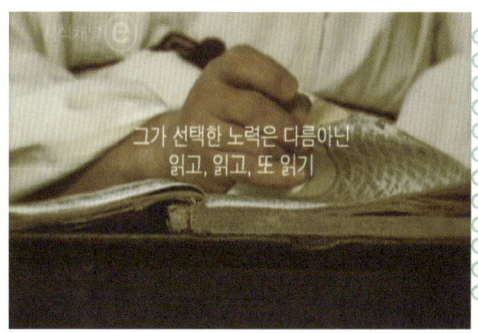

그가 선택한 노력은
읽고, 읽고, 또 읽기.
자신이 부족함을 알기에
더욱 열심히 노력하였다.

결국 59세에 과거에 급제.
당대에 인정받는
독자적인 시의 세계를 이루었다.

조선 최고의 다독가
백곡 ☐☐☐ 은 진심으로
노력할 때의 가치를 보여 주었다.

이런 말 이런 뜻
사기: 중국 한나라의 사마천이 상고의 황제로부터 전한 무제까지의 역대 왕조의 사적을 엮은 역사책.
당대: 일이 있는 그 시대.

생각 틔우기

1 낱말의 뜻풀이에 알맞은 낱말을 찾아 ◯해 봅시다.

낱말 뜻	낱말 뜻	낱말 뜻
말이나 글이 막힘없이 잘 나오거나 써지는 모양.	키가 작은 사람이나 짐승이 이리저리 찬찬히 걷는 모양.	잘 울리지 않는 물체를 잇따라 가볍게 두드리는 소리. 또는 그 모양.
실실 술술 솔솔	겅중겅중 아장아장 슬금슬금	토닥토닥 찰싹찰싹 첨벙첨벙

낱말 뜻	낱말 뜻	낱말 뜻
조금 낮은 목소리로 빠르게 말을 계속하는 모양.	순조롭고 힘차게 잘 자라는 모양.	동작이 재지 못하고 매우 느린 모양.
아삭아삭 사각사각 조잘조잘	터벅터벅 무럭무럭 깡충깡충	폴짝폴짝 빠릿빠릿 느릿느릿

낱말 뜻	낱말 뜻	낱말 뜻
신이 나서 팔다리를 흥겹게 자꾸 놀리며 춤을 추는 모양.	어떤 생각이 갑자기 아주 순간적으로 떠오르는 모양.	발로 탄탄한 곳을 자꾸 세게 굴러 울리는 소리.
나풀나풀 덩실덩실 촐랑촐랑	퍼뜩 깜짝 깜깜	통통 쨍쨍 쓱싹

「조선 제일 바보의 공부」라는 이야기 속에는 사람이나 사물의 소리를 흉내 내는 말과 사람이나 사물의 모양이나 움직임을 흉내 내는 말이 많이 나옵니다.

생각 키우기

내용 파악하기

조선 제일 바보의 공부

■ 출처
『조선 제일 바보의 공부』
글 정희재
그림 윤봉선
/ 책읽는곰

옛날 옛날에 한 아이가 태어났어요. 아이는 아장아장 걷고 조잘조잘 말도 배우며 무럭무럭 자랐어요. 여느 아이들처럼 떼도 쓰고 짓궂은 장난도 쳤지요.

"저 아이를 가졌을 때 꿈에서 노자를 만났지. 자라면 큰 사람이 될 게야."

부모님은 기대가 컸어요. 그러던 어느 날 아이는 호된 마마에 걸리고 말았어요.

아이가 자라 글을 배울 나이가 되었어요. 외삼촌이 천자문을 가르쳤어요.

"하늘 천, 따 지, 검을 현…… 검을 현……."

아이는 온종일 매달려도 한 구절을 외우지 못했어요. 마마를 앓은 탓에 머리가 나빠진 거예요.

"까마귀도 너보단 낫겠다. 너처럼 둔한 아이는 처음이야!"

외삼촌은 버럭 화를 내며 나가 버렸어요.

"난 바보인가 봐."

까마귀 아이는 제 머리를 콩 쥐어박았어요. 머릿속에서 콕콕, 까마귀가 글자를 먹어 치우는 것 같았어요.

"아직 때가 안 돼서 그래. 글은 나중에 배우자."

아버지는 토닥토닥 달래 줬어요.

까마귀 아이는 열 살이 돼서야 다시 글을 배웠어요. 하지만 기지개만 켜도 싹, 하품만 해도 싹, 금방 읽은 것도 돌아서면 깜깜했어요.

"차라리 강아지나 고양이를 가르치는 게 빠르겠어."

친척들도 하인들도 수군댔어요. 그래도 아버지는 자랑스럽게 말했어요.

"그만두지 않고 계속하는 게 얼마나 기특해요?"

"큰 소리로 읽어 보렴. 술술 외워진단다."

아버지는 까마귀 아이에게 둘도 없이 좋은 스승이었어요.

이런 말 이런 뜻
마마: 전염병의 일종으로 천연두를 일컫는 말.
기지개: 피곤할 때에 몸을 쭉 펴고 팔다리를 뻗는 일.
굼벵이: 동작이 굼뜨고 느린 사물이나 사람을 비유적으로 이르는 말.

"천지지간 만물지중에……."

까마귀 아이가 장난스레 소리 높여 읽었어요.

"소리가 너무 크면 금세 기운이 빠진단다."

아버지가 말했어요.

"처언지지간 마안물지중에……."

이번엔 굼벵이가 기어가듯 느릿느릿 읽었어요.

"너무 느리면 딴생각이 난단다."

생각 키우기 - 내용 파악하기

"아버지 밖에서 말이 울어요. 누가 왔나 봐요."
까마귀 아이가 책을 내던지고 발딱 일어났어요.
"공부할 땐 책에서 나오는 소리에만 귀를 기울이렴."
엎드려 읽으며 통통 발장구를 치기도 했어요.
"손발을 가지런히 해야 마음이 흐트러지지 않는단다."
아이가 금방 잊어버려도 아버지는 거듭거듭 일러 줬어요.
'난 머리가 나쁘니까 다른 사람보다 더 많이 읽어야겠어.'
까마귀 아이는 마음을 단단히 먹었어요. 책 한 권을 한 번, 두 번…… 열 번, 백 번…… 천 번까지 읽었어요. 몇 번 읽었는지 잊어버릴까 봐 서산을 썼어요. 나중에는 서산이 너덜너덜해졌어요. 책을 묶은 실이 끊어지기도 여러 번이었지요. 그렇게 한 달, 두 달, 석 달…… 한 해, 두 해, 세 해…… 여러 해가 지나갔어요. 〈중략〉

그러던 어느 날이었어요.
"아버지, 아버지!"
까마귀 청년이 숨을 몰아쉬며 달려왔어요.
"제가 드디어 시를 지었어요."
아버지는 눈시울을 붉히며 말했어요.
"참 잘했다. 공부는 꼭 과거를 보기 위한 것은 아니란다."
까마귀 청년은 기뻐서 덩실덩실 춤을 췄어요. 얼마 지나지 않아 아버지가 돌아가셨어요. 까마귀 청년은 너무 슬퍼서 책도 읽기 싫었어요. 그러다 퍼뜩, 아버지가 일러 준 얘기가 떠올랐어요.
"책을 읽으면 돌아가신 옛 어른들도, 먼 나라의 훌륭한 사람들도 다 만날 수 있단다."
아버지는 또 말했어요.
"난 네가 언젠가는 큰 사람이 될 거라고 믿는다."
까마귀 청년은 그리운 아버지 무덤 옆에 초막을 지었어요. 그리고 책을 읽으며 삼년상을 치렀어요.

그 이후 김득신은 책을 읽는 데서 그치지 않았어요. 남다른 눈과 생각으로 빼어난 시를 많이 지었어요. 모두 고개를 내젓던 까마귀 아이가 뛰어난 시인이 된 거예요. 할아버지가 된 김득신은 자기 무덤 앞에 새길 글을 스스로 지었어요.
"재주가 남보다 못하다고 스스로 한계를 짓지 마시오. 나처럼 어리석은 사람도 드물지만 마침내는 뜻을 이루었다오. 모든 것은 노력하는 데에 달려 있을 뿐이오."

이런 말 이런 뜻
서산: 글을 읽은 횟수를 세는 데 쓰는 물건.
초막: 풀이나 짚으로 지붕을 이어 조그마하게 지은 막집.
삼년상: 부모의 상을 당해 삼 년 동안 상복을 입고 상을 치르는 일.
한계: 사물이나 능력, 책임 따위가 실제 작용할 수 있는 범위.

생각 피우기

내용
정리하기

1 까마귀 아이가 변화되는 과정을 생각하며 이야기의 흐름을 간추려 빈칸에 알맞은 내용을 써 봅시다.

| 옛날에 부모님의 기대를 안고 한 아이가 태어났으나 호된 마마에 걸림. |

↓

|　|

↓

| 열 살이 되어서야 글을 배웠으나 글을 배우는 속도가 너무 늦음. |

↓

| 여러 해를 열심히 노력한 결과, 청년이 되어 처음으로 시를 짓게 됨. |

↓

|　|

↓

|　|

2 인물의 말과 행동에서 인물이 추구하는 삶의 태도를 알아봅시다.

> 등장인물이 추구하는 삶의 태도를 파악하고 자신과 비교해 봅시다.

| 인물의 말과 행동 | 삶의 태도 |

- '난 머리가 나쁘니까 다른 사람보다 더 많이 읽어야겠어.'
- 책 한 권을 한 번, 두 번…… 열 번, 백 번…… 천 번까지 읽었어요.

- 아버지는 토닥토닥 달래 줬어요.
- "잘했다. 공부는 꼭 과거를 보기 위한 것은 아니란다."

1 다음은 김득신이 묘비에 스스로 남긴 말입니다. 다시 한 번 읽고 빈칸에 알맞은 말을 쓰고, 그 뜻을 마음에 새겨 봅시다.

재주가 남보다 못하다고 스스로 한계를 짓지 마시오. 나처럼 어리석은 사람도 드물지만 마침내는 뜻을 이루었다오. 모든 것은 노력하는 데에 달려 있을 뿐이오.

김득신 묘비(증평군청 제공)

자신이 죽은 뒤 다른 사람들에게 어떻게 기억되고 싶은가를 묘비에 스스로 남기기도 합니다.

" ☐☐ 가 남보다 못하다고 스스로 ☐☐ 를 짓지 마시오.

나처럼 어리석은 사람도 드물지만 마침내는 ☐ 을 이루었다오.

모든 것은 ☐☐ 하는 데에 달려 있을 뿐이오."

2 김득신이 묘비에 남긴 글과 비슷한 의미를 지닌 속담이나 명언을 찾아 ○해 봅시다.

◆ 낙숫물이 바윗돌을 뚫는다.	
◆ 가는 말이 고와야 오는 말이 곱다.	
◆ 백지장도 맞들면 낫다.	
◆ 천재는 1%의 영감과 99% 땀으로 이루어졌다.	
◆ 우물을 파도 한 우물만 파라.	

3 **1**의 김득신의 묘비 글과 **2**에서 답한 속담을 통해서 알 수 있는 사실은 무엇인지 생각하여 써 봅시다.

_____

_____

_____

생각 퍼뜨리기

1 훌륭한 인생을 살아 다른 사람의 존경을 받는 사람 중에는 꼭 공부를 잘해서 성공한 사람만 있는 것이 아닙니다. 하지만 성공한 인생을 산 사람들에게는 공통점이 있다고 합니다. 다음 신문 기사를 읽어 보고 성공적인 인생을 살 수 있는 방법에 대해 생각해 봅시다.

성공의 열쇠 '1만 시간의 법칙' 파헤치기

1만 시간의 법칙의 비밀 속으로
- 성공 열쇠 알아보기: 성공한 사람들의 비밀! 1만 시간의 법칙이 뭘까?
- 성공 핵심 목표: 1만 시간의 법칙과 실제 성공 사례를 알아본다.

1만 시간의 법칙이란?
- 어떤 분야든 한 가지 일에 1만 시간의 노력을 투자한다면 누구나 그 분야에서 전문가의 경지에 이를 수 있다는 것이 이 법칙의 핵심이다. 매일 세 시간, 그것을 10년 동안 하면 1만 시간이 된다.

성공 사례
- 피겨 선수 김연아, 발레리나 강수진은 연습을 끊임없이 반복하였다.
- 둘 다 어떤 것에도 무너지지 않을 것 같은 견고한 실력을 갖추어 성공에 이르렀는데, 이는 꾸준한 노력의 시간이 가져다준 결과물이다.

피나는 연습으로 멋진 무대를 선보인 김연아((주)올댓스포츠 제공)

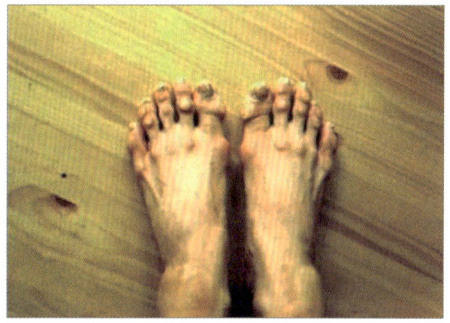
발레리나 강수진의 발(EBS 제공)

우리는 어디에 1만 시간을 써야 할까?
- 꿈을 이루기 위한 열정과 의지와 더불어 목표와 방향을 세우는 일은 중요하다. 왜냐하면 사람은 저마다의 소질과 개성이 다르기 때문이다. 따라서 무작정 1만 시간에 도전하기 보다는 꿈을 이루기 위해 '나는 과연 어떤 분야에 1만 시간을 써야 할까.'라는 깊은 고민과 진로 탐색이 우선되어야 한다. 이런 고민이 1만 시간의 법칙과 더불어 성공의 지름길이 될 수 있다. 나의 적성에 맞는 꿈을 찾아 끈기 있는 자세로 진심어린 땀방울을 흘리며 도전한 1만 시간은 훗날 김연아, 강수진처럼 또 하나의 성공 사례로 남게 될 것이다.

> 단순히 1만 시간을 할애하는 것이 아닌, 자신이 1만 시간의 열정을 쏟을 분야를 생각해 봅시다.

B-3 초등학교에서 시험은 필요한가

공부한 날 _____ 년 _____ 월 _____ 일

공부할 문제 '초등학교에서 시험은 필요한가'에 대한 자신의 의견을 주장하여 봅시다.

생각틔우기 • 65
시험과 관련된 생각 떠올리기

생각키우기 • 67
초등학교에서의 시험의 필요성에 관한 두 가지 입장 파악하기

생각피우기 • 69
초등학교에서의 시험의 필요성에 대한 주장과 근거 펼치기

생각퍼뜨리기 • 74
주장하는 글을 쓰고 부모와의 갈등 해소 방법 생각하기

생각 틔우기

1 우리나라에서의 시험의 유래와 의미를 알아봅시다.

우리 조상들도 시험을 봤을까?

우리 조상들도 시험을 보았습니다. 대표적인 시험으로 '과거 시험'이 있었는데, 과거 시험은 신라 원성왕 때 실시한 '독서삼품과'가 시초였습니다. 여기서 과거란 '시험 과목에 따라 인재를 선발한다.'라는 뜻을 지니고 있습니다. 과거는 고려를 거쳐 조선 시대에 본격적으로 시행되었습니다.

우리가 잘 알고 있는 율곡 이이는 과거 시험에 9번을 응시하여 9번을 장원한 공부의 달인이었다고 합니다.

시험이란 재능이나 실력 따위를 일정한 절차에 따라 검사하고 평가하는 일을 말합니다. 영어로는 'test'라고 하는데 이것은 '희귀한 금속을 분석할 때 쓰던 작은 그릇'이라는 뜻으로 시험이 어떤 것의 정확성을 결정하기 위한 도구라는 것을 의미합니다.

2 '시험' 하면 떠오르는 것들을 생각 그물로 정리해 봅시다.

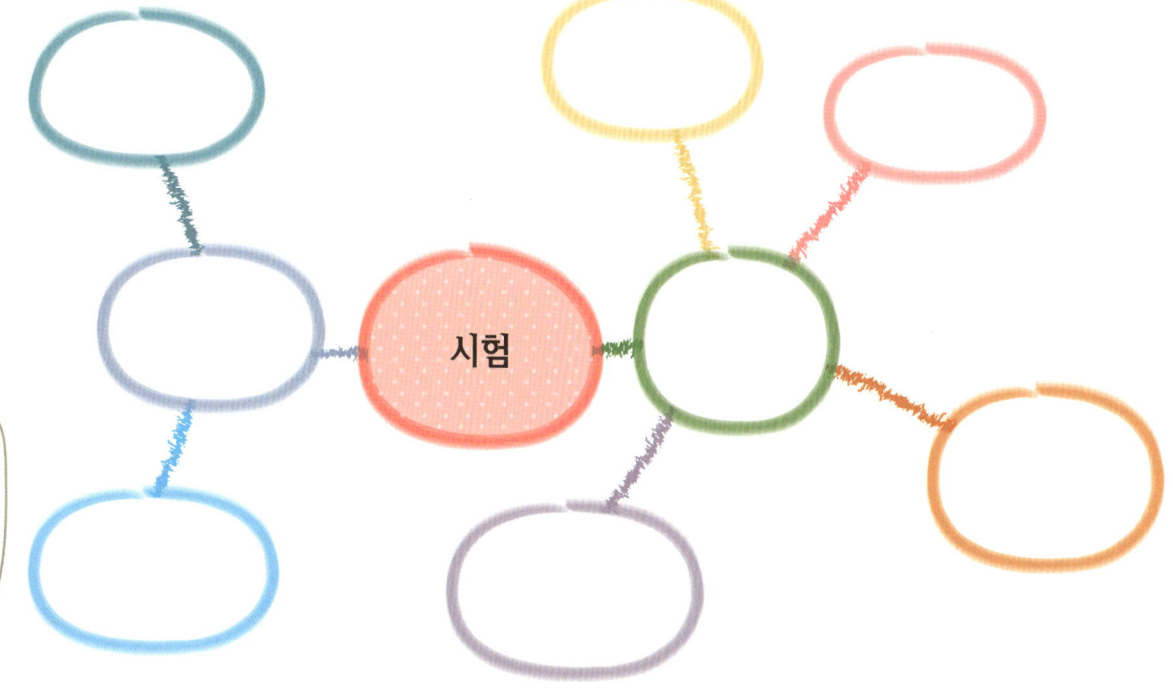

생각 그물은 어떤 요소에 대하여 연상되는 것을 따라 서로 연관 짓는 방법을 말합니다.

3 다음 시를 읽고 물음에 답해 봅시다.

시험
권현석

한 문제 틀려서 옆 짝이 쫘악 그을 땐
내 가슴이 쭉 째지는 것 같다
맞으면 내 가슴이 펄쩍 뛴다
나는 틀리고 딴 애가 맞으면
머리에서 뿔이 난다

시험을 미희가 더 잘 쳤다
괜히 미희가 미운 생각이 난다
시험이 친구를 빼앗아 가는 것 같다

1 이 시에서 어떤 상황을 표현하고 있는지 써 봅시다.

---

2 이 시의 말하는이는 문제를 틀렸을 때 어떤 기분이 든다고 하였는지 써 봅시다.

---

3 이 시의 말하는이는 문제를 맞혔을 때 어떤 기분이 든다고 하였는지 써 봅시다.

---

4 머리에서 뿔이 나는 것 같은 기분이 드는 때는 언제라고 하였는지 써 봅시다.

---

5 이 시의 말하는이는 왜 미희가 미워진다고 하였는지 써 봅시다.

1 다음은 '초등학교에서의 시험 폐지'와 관련된 두 친구의 생각을 정리한 글입니다. 글을 읽고 논제를 파악해 봅시다.

초등학교 시험 폐지 찬성

올해 새 학기부터 초등학교에서의 일제 평가 방식의 중간 및 기말고사를 모두 없앤다고 하던데 정말 좋은 생각이야.

지금까지 초등학교에서 실시되었던 일제 평가 방식의 시험은 친구들끼리 지나친 경쟁을 유도하고 이로 인해 학생들이 받는 학업 스트레스가 너무 심해. 또한 암기 위주의 시험이 학생의 자유로운 사고를 막고 오히려 창의력을 떨어뜨렸어.

이런 시험의 굴레에서 벗어나 학생들이 보다 자유롭게 공부하고 배울 수 있는 분위기를 만드는 것이 초등학생들이 바르게 커 나가는 데 많은 도움이 될 거 같아.

초등학교에서 시험을 안 본다는 것은 말이 안 되는 일이야. 시험은 자신을 스스로 평가하는 기회가 되기도 해. 시험을 통해 학생들은 자신의 학습 능력을 그때그때 알아보고 부족한 부분을 보완하여 실력을 높일 수 있는데, 시험이 없어진다면 학생들의 실력이 점차 낮아질 거야.

그리고 학교에서 시험이 없어지면 특별한 동기 부여가 되지 않으니까 수업을 집중해서 듣지 않을 거야. 그러면 수업 분위기가 나빠질 수 있어.

지금처럼 주기적으로 학교에서 시험을 보는 것이 학생이나 학부모에게 긍정적인 영향을 미칠 수 있다고 생각해.

초등학교 시험 폐지 반대

이런 말 이런 뜻
일제: 여럿이 한꺼번에 함.
유도: 사람이나 물건을 목적한 장소나 방향으로 꾐.
굴레: 말이나 소 따위를 부리기 위하여 머리와 목에서 고삐에 걸쳐 얽어매는 줄.

주제에 대한 두 친구의 생각이 서로 다르군요.

주제에 대해 조금 더 깊이 생각해 보고 자신의 입장을 정리해 보아요.

1 67쪽에서 두 사람의 주장을 정리해 봅시다.

주장		
그렇게 생각한 까닭		

2 **1**에서 정리한 내용을 참고하여 초등학교에서의 시험 폐지에 대한 자신의 생각을 정리해 봅시다. 자신의 의견에 ✓하고, 그렇게 생각한 까닭과 입장을 밝혀 봅시다.

나는 초등학교에서 시험은 — 폐지 ☐ 유지 ☐ — 해야 한다고 생각한다.

왜냐하면 — [　　　] — 때문이다.

그래서 초등학교 학생들이 — [　　　] — 있도록 해야 한다.

1 다음은 '초등학교에서의 시험 폐지'에 대해 찬성하는 쪽 주장을 뒷받침해 주는 자료입니다. 잘 읽고 자신의 주장을 뒷받침할 수 있는 근거를 찾아봅시다.

| 찬성 | 초등학교에서 시험은 폐지해야 한다. |

1 다음 그래프를 살펴보며 빈 곳에 알맞은 말을 써 봅시다.

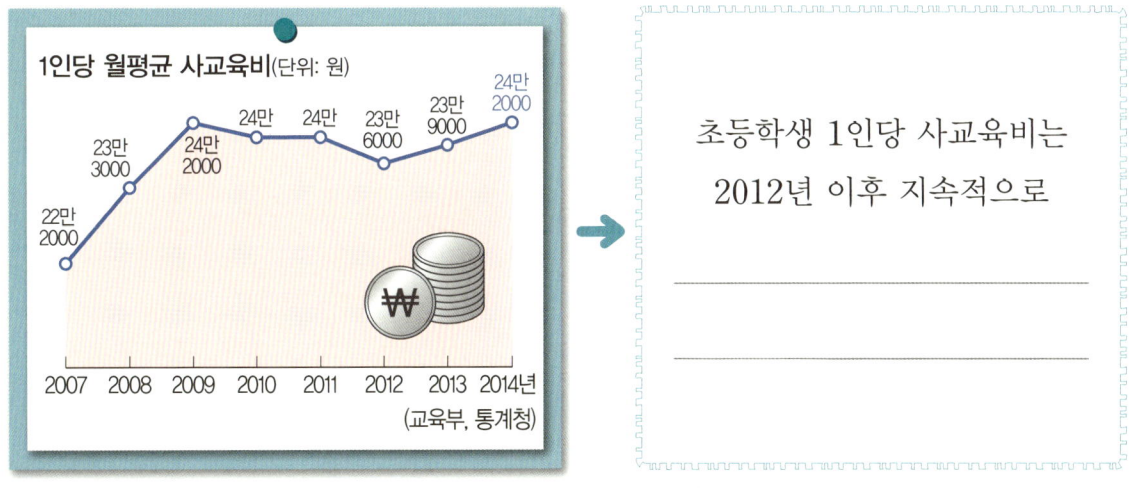

초등학생 1인당 사교육비는 2012년 이후 지속적으로 _____

2 다음 기사에서 주장에 대한 근거를 찾아 빈칸에 알맞은 말을 써 봅시다.

> 한국방정환재단이 연세대학교 사회발전연구소 염유식 교수 팀에 의뢰하여 실시된 '주관적 행복 지수' 조사에서 한국 어린이와 청소년이 느끼는 '주관적 행복 지수'는 경제협력개발기구(OECD) 회원국 중 최하위인 것으로 조사되었다. 이번 행복 지수 조사에서 5개의 다른 영역에서 중상위권을 유지했지만 유일하게 주관적 행복 지수에서만 현저한 꼴찌를 기록하였다.
> 이 조사에서 초등학생의 행복에 대한 생각들을 살펴보면 평소 행복하지 않다고 느낄 때는 '성적 압박이 심할 때'와 '학습 부담이 너무 클 때'라고 대답하였다. 또한 성적이 좋을 때도 행복을 느낀다고 응답한 비율은 11.9%에 불과해 부모 세대가 강조하는 공부와 성적이 어린이들에게는 행복의 중요한 요소가 아니라는 것을 보여 주고 있다.

우리나라 어린이의 ☐☐☐ ☐☐☐ 는 낮다. 이는 _____ 때문이다.

이런 말 이런 뜻
의뢰: 남에게 부탁함.
주관적: 자기의 견해나 관점을 기초로 하는. 또는 그런 것.
압박: 기운을 못 펴게 세력으로 내리누름.

생각 피우기

문제 해결하기

2 다음 자료를 읽고 요즈음 초등학생들이 고민하고 있는 것은 무엇인지 생각하며 물음에 답해 봅시다.

대한민국에서 '초딩'으로 산다는 것

초등학생 10명 중 9명이 과외나 학원
과외 종목 평균 3.13개
하루 평균 2시간 37분
하루에 부모와 이야기하는 시간 30분: 30%
친구들과 노는 시간 거의 없다: 30%
가출 충동을 느낀 적이 있다: 53.3%
자살 욕구를 경험해 본 적이 있다: 27%
10명 중 7명이 학교 가기 싫다
자살을 생각하는 가장 큰 이유는 '성적 문제'
스트레스를 풀 수 있는 해방구는 '인터넷, 컴퓨터 게임'
내가 잊고 싶은 두려움은 '이번에 친 시험 점수'
우리 가족이 나에 대해 '공부 잘하는 것만 본다'
나의 가장 큰 결점은 '공부를 못하는 것이다'
학업 부담으로 자살한 어느 초등학생의 유언 '나도 물고기처럼 자유롭고 싶다'

EBS 〈지식채널e〉 '2007 대한민국에서 초딩으로 산다는 것' 중에서

> 자료를 살펴보고 요즈음 초등학생들이 고민하고 있는 것들은 무엇인지 생각해 봅시다.

1 이 자료를 보고 다음 질문에 대해 알맞은 곳에 ○해 봅시다.

	내용	많다	적다
우리나라 초등학교 학생 중	사교육을 받는 학생은?		
	가출 충동을 느낀 적이 있는 학생은?		
	하루에 부모님과 이야기하는 시간은?		
	친구들과 함께 노는 시간은?		
	학교에 가기 싫은 학생은?		

2 이 자료와 1에서 답한 내용으로 보아, 우리나라 초등학생들이 겪고 있는 어려움의 가장 큰 원인은 무엇인지 써 봅시다.

☐☐ ☐☐☐

3 다음은 '초등학교에서의 시험 폐지'에 대해 반대하는 쪽 주장을 뒷받침해 주는 자료입니다. 잘 읽고 자신의 주장을 뒷받침할 수 있는 근거를 찾아봅시다.

| 반대 | 초등학교에서 시험은 유지해야 한다. |

1 다음 그래프를 살펴보며 빈칸에 알맞은 말을 써 봅시다.

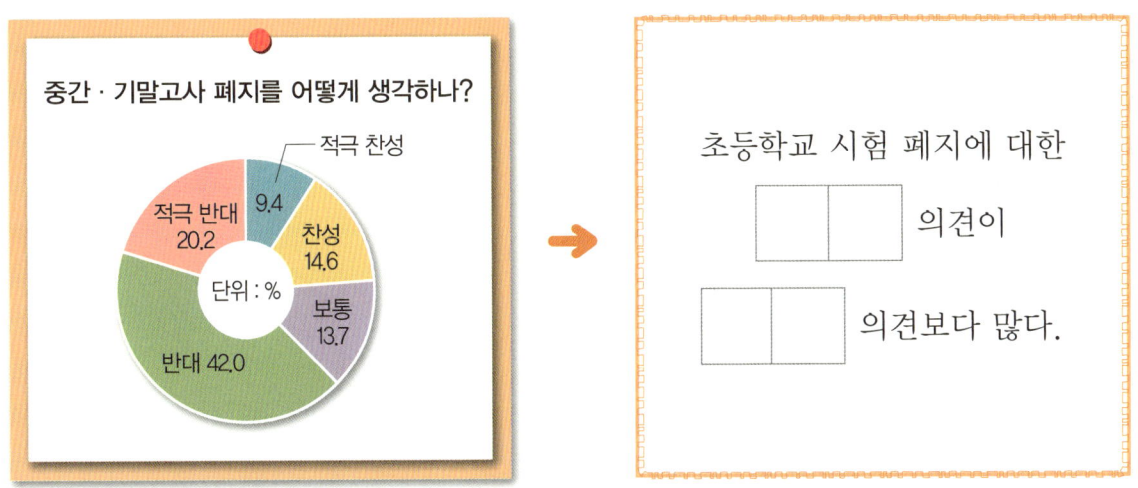

초등학교 시험 폐지에 대한 ☐☐ 의견이 ☐☐ 의견보다 많다.

2 다음 기사에서 주장에 대한 근거를 찾아 빈 곳에 알맞은 말을 써 봅시다.

권오남 서울대 수학 교육학고 교수는 "학년별로 실시하는 정기 시험이 학생의 학습 동기 유발에 효과가 있으며 학생 스스로 성취도를 확인할 수 있는 기회를 제공한다."라며 반대 입장을 분명히 했다. 덧붙여 그는 학교에서 실시되는 정기 시험이 학부모에게는 자녀의 학업 성취도, 자녀의 학습 이해 수준을 알려주는 객관적 자료가 된다고 하였다. 또한 교사에게는 학급을 운영하며 적용한 교수·학습 방법의 이 적절했는지를 검증하는 중요한 도구가 된다는 견해를 나타냈다. 결국 대학수학능력시험이 중시되는 현실에서 초등학교 정기 시험의 폐지는 의미가 없다는 게 권 교수의 주장이다.

첫째, _____
둘째, _____
셋째, _____

문제 해결하기

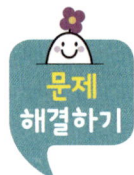

4 다음은 ‘초등학교에서 시험이 필요한가’에 대한 찬성과 반대의 주장을 뒷받침하는 근거들입니다. 자신의 입장을 정하여 의견을 주장하기에 필요한 보석의 번호를 아래의 보물 상자에 써 봅시다.

① 지나친 경쟁을 유도한다.

② 초등학생의 행복 지수가 낮다.

③ 시험은 자신을 평가하는 기회이다.

④ 초등학생의 학업 스트레스가 높다.

⑤ 수업을 집중해 듣게 된다.

⑥ 시험은 학습의 효과를 높인다.

⑦ 다른 재능을 계발할 시간이 생긴다.

⑧ 초등학생의 수면 시간이 부족하다.

⑨ 선의의 경쟁은 필요하다.

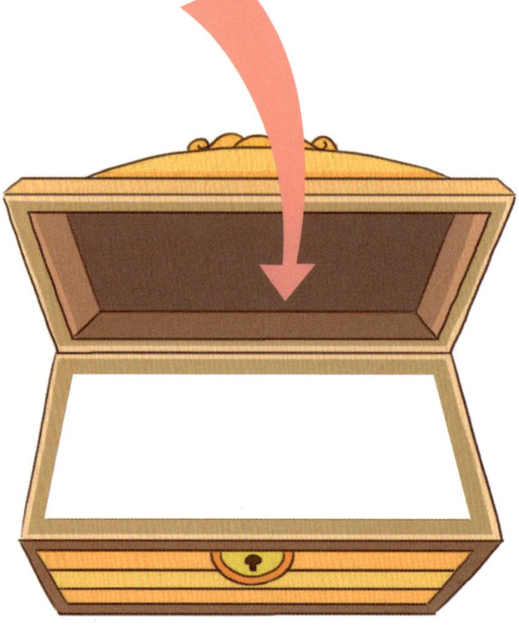

초고
쓰기

1 다음은 '초등학교에서 시험이 필요한가'에 대한 입장을 정하고 자신의 주장을 글로 쓰기 위해 작성한 개요입니다. 빈칸에 알맞은 말을 넣어 표를 완성해 봅시다.

제목		
서론	〈글을 쓰게 된 문제 상황〉	
본론	주장	
	근거	▶
		▶
		▶
결론	〈본론 요약 및 강조〉	

개요는 글쓰기의 구성 단계에서 각 문단의 중심 내용과 세부 내용을 작성하는 데 바탕이 되는 나무의 큰 가지 역할을 합니다.

앞에서 살펴본 근거와 자신이 조사한 자료에서 찾은 근거를 활용하여 본론의 내용을 알차게 써 봅시다.

근거가 되는 자료를 인터넷이나 책을 통해 더 조사해 보아요.

주장을 뒷받침하는 근거가 명확해야 자신의 주장을 더욱 잘 전달할 수 있어요.

B 나를 찾는 술래잡기

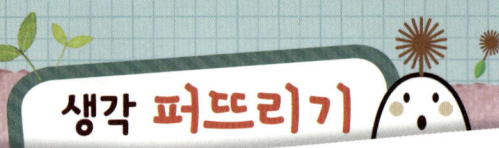

 1 73쪽에서 작성한 개요를 바탕으로 '초등학교에서 시험이 필요한가'에 대한 자신의 주장을 글로 써 봅시다.

제목:

서론에는 글을 쓰게 된 문제 상황을 밝혀야 하고, 글쓴이의 주장을 분명하게 내세워야 합니다.

나는 초등학교에서 시험은 ( )고 생각한다. 그렇게 주장하는 까닭은 다음과 같다.

본론에서는 서론에서 제시한 주장에 대한 근거와 근거를 뒷받침하는 내용이 들어가야 합니다.

결론에서는 글쓴이의 주장을 다시 한 번 강조합니다.

1 다음은 '초등학생의 학업 스트레스와 부모님과의 갈등'을 다루고 있는 책들입니다. 책을 소개하는 내용을 읽고 물음에 답해 봅시다.

엄마, 나를 포기하세요! (글 박현숙, 그림 김효진 / 좋은책어린이)

공부하고 학원 다니느라 힘들어하는 아이들의 속마음과, 잔소리로 어쩔 수 없이 아이들에게 공부를 강요할 수밖에 없는 엄마의 진심어린 마음을 흥미롭게 풀어냈다.

잔소리 없는 날 (글 안네마리 노르덴, 그림 정진희 / 보물창고)

하루라도 잔소리 없이 지내는 것이 소원인 푸셀은 만 하루 동안의 '잔소리 없는 날'이라는 특별한 자유를 허락받고 하고 싶었던 일은 신나게 한다. 그러나 자꾸만 예상치 못한 난관에 부딪치게 되는데…

자유를 즐기려는 아이와 마음의 울타리 안에서 자녀를 지켜주는 부모를 통해 부모와 아이의 마음을 변화시키는 흥미로운 책이다.

그림 도둑 준모 (글 오승희, 그림 최정인 / 낮은산)

주인공 준모는 왜 거짓말을 하고 나무에 올라갔을까요?

자신을 못난 아이라고 생각하는 준모와 그런 준모를 따뜻하게 격려하는 엄마의 마음을 통해 우리 모두가 있는 그대로 얼마나 특별한 사람인지를 깨닫게 되는 책입니다.

> 소개하고 있는 책들은 재미있고 좋은 내용을 다루고 있습니다. 꼭 한 번 읽어 보도록 합시다.

1 성적, 시험, 공부 때문에 생기는 부모님과의 갈등을 해결할 수 있는 방법을 생각하여 써 봅시다.

---

2 다음 **보기**에 나와 있는 낱말 중 3가지를 이용하여 짧은 글 짓기를 해 봅시다.

보기

부모, 사랑, 행복, 공감, 소통, 대화, 자녀

B 나를 찾는 술래잡기 **75**

C
더불어 살아가는 우리

인류애는 국가와 민족, 인종의 차이를 넘어 모든 인류를 사랑하고 세계 각국의 공존·공영과 평화를 추구하는 자세를 말합니다. 서로 다른 지역에서 다른 모습을 하고 살아가지만 서로의 다름을 인정하고 평화를 유지하며 더 아름다운 세상을 만들기 위하여 노력해야 합니다.

C-1. 까만콩 칼라콩 얼룩콩

- **생각틔우기**
  필리핀·다문화 가정에 대해 알고 관련 낱말 익히기
- **생각키우기**
  등장인물에 대해 추측하고 내용 파악하기
- **생각피우기**
  내용을 정리하고 다문화에 대한 존중과 편견 생각하기
- **생각퍼뜨리기**
  '좋은 친구 선서문'을 쓰고 다문화 광고 완성하기

C-2. 우리의 도움이 필요해요

- **생각틔우기**
  광고를 보고 광고에 대하여 알아보기
- **생각키우기**
  광고의 요소 파악하고 내용 정리하기
- **생각피우기**
  아프리카 어린이들의 어려움을 확인하며 공익 광고의 내용 떠올리기
- **생각퍼뜨리기**
  아프리카 어린이를 돕기 위한 공익 광고 만들기

C-3. 다른 나라의 어려움도 도와야 하는가

- **생각틔우기**
  지구촌과 세계시민의 의미를 알고 논술 주제 파악하기
- **생각키우기**
  두 사례를 통하여 입장 비교하고 자신의 입장 정하기
- **생각피우기**
  자신의 생각을 정리하여 개요 완성하기
- **생각퍼뜨리기**
  다른 나라의 어려움을 도와주는 것에 대한 주장하는 글 쓰기

C-1 까만콩 칼라콩 얼룩콩

공부한 날 _____년 _____월 _____일

공부할 문제 「까만콩 칼라콩 얼룩콩」을 읽고, 다문화 친구에게 좋은 친구가 되어 줄 방법을 생각해 봅시다.

생각틔우기 • 79
필리핀·다문화 가정에 대해 알고 관련 낱말 익히기

생각키우기 • 82
등장인물에 대해 추측하고 내용 파악하기

생각피우기 • 87
내용을 정리하고 다문화에 대한 존중과 편견 생각하기

생각퍼뜨리기 • 89
'좋은 친구 선서문'을 쓰고 다문화 광고 완성하기

생각 틔우기

배경 지식

1 다음 설명을 읽고 빈칸에 알맞은 나라 이름을 써 봅시다.

🔖 **전통 춤 '대나무 춤'**
대나무를 나란히 놓고 그 사이를 넘나들며 추는 춤으로, '티니클링'이라고 합니다.

🔖 **전통 간식 '할로할로'**
갈아 낸 얼음에 각종 과일과 젤리 등을 얹어 먹는 필리핀 대표 간식으로, 우리나라의 팥빙수와 비슷합니다.

🔖 **망고의 왕국**
필리핀에는 신기한 열대 과일이 많은데 그중 망고가 대표적입니다. 망고는 우리나라 사람들도 좋아하는 과일입니다.

🔖 **세계의 휴양지 세부**
필리핀 세부는 세계인이 사랑하는 휴양지입니다. 문명과 자연이 잘 조화된 곳이랍니다.

이 나라의 수도는 마닐라이고 7000여 개의 크고 작은 섬으로 이루어진 국가인데, 사람이 사는 섬은 약 880여 개입니다.

이 나라는 바로 ☐☐☐ 입니다.

C 더불어 살아가는 우리

2 다음 그림과 설명을 참고하여 빈칸에 공통으로 들어갈 알맞은 낱말을 써 봅시다.

○○○ 가정

□□□는 많은(多) 문화(文化), 즉 다양한 문화가 있다는 뜻으로,

□□ 가정이란 서로 다른 국적, 인종이나 문화를 가진 사람들로 구성된 가정을 말합니다.

3 다음 그래프를 보고 아래의 친구가 하는 말에서 알맞은 낱말에 ○해 봅시다.

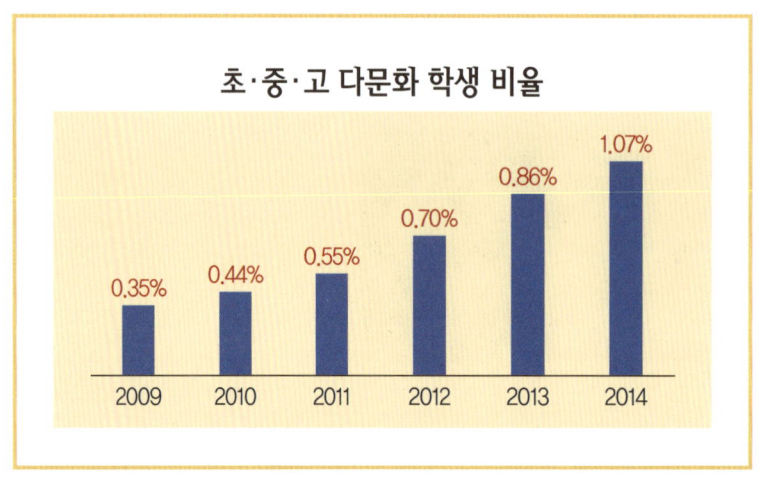

초·중·고 다문화 학생 비율

2009: 0.35%
2010: 0.44%
2011: 0.55%
2012: 0.70%
2013: 0.86%
2014: 1.07%

우리나라 초등학교, 중학교, 고등학교에 다니는 다문화 학생 비율은 계속 (늘어나고, 줄어들고) 있어요. 2014년 그래프를 보면 초·중·고 학생 100명 중 1명은 다문화 가정의 학생이라는 것을 알 수 있어요. 반에서 다문화 친구를 만날 가능성도 점점 (높아진다, 낮아진다)는 뜻이지요. 따라서 다문화 친구들과 사이좋게 지내기 위해 어떻게 해야 하는지 생각해 보는 것이 필요해요.

1 낱말과 뜻풀이를 보고, 빈칸에 알맞은 낱말을 보기 에서 찾아 써 봅시다.

보기
- 움츠러들다
- 울려고
- 거칠게
- 물리치다
- 무관심
- 발그레해지다

움찔하다
깜짝 놀라 갑자기 몸이 ☐.

거부하다
요구나 제의 따위를 받아들이지 않고 ☐.

달아오르다
얼굴이 뜨거워 ☐.

강 건너 불구경
자기에게 관계없는 일이라고 하여 ☐하게 방관하다.

씩씩거리다
숨을 ☐ 쉬다.

울상
☐하는 얼굴 표정.

생각 키우기

1 '까만콩'과 '칼라콩'은 「까만콩 칼라콩 얼룩콩」에 나오는 등장인물을 가리키는 별명입니다. 이를 생각하며 다음 활동을 해 봅시다.

1 다음 별명을 생각할 때 떠오르는 것들을 생각 그물로 나타내 봅시다.

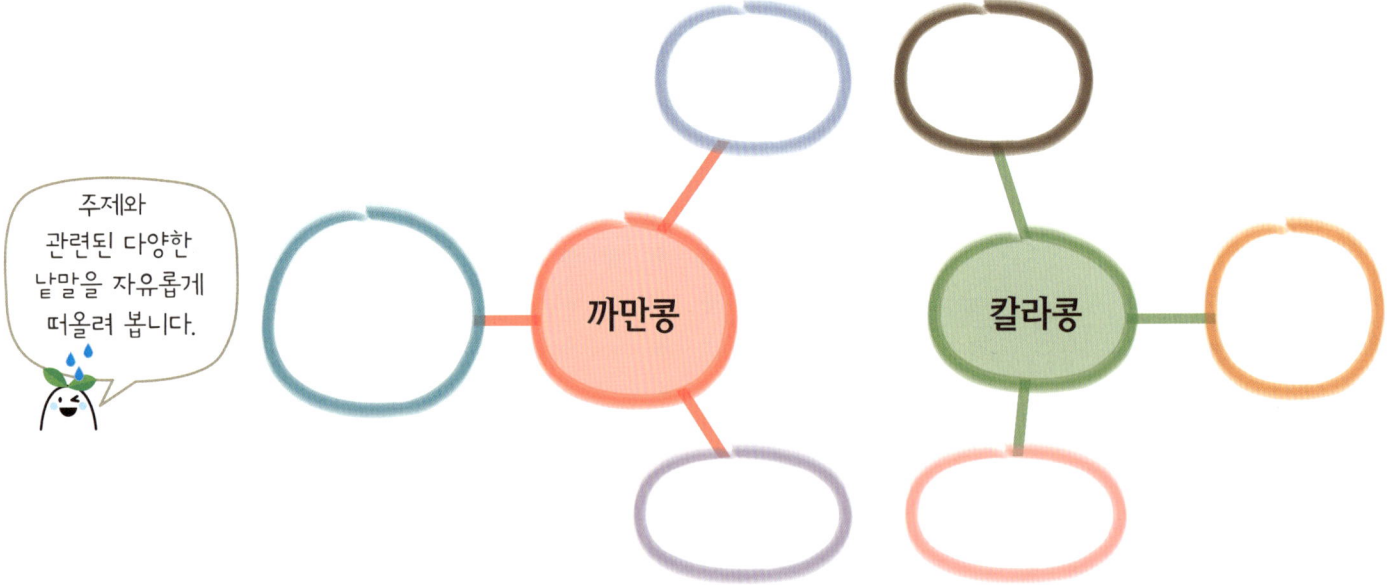

주제와 관련된 다양한 낱말을 자유롭게 떠올려 봅니다.

2 1의 생각 그물에서 떠올린 생각들을 바탕으로 하여, 다음 별명이 붙은 까닭은 무엇일지 추측하여 써 봅시다.

- 까만콩이라는 별명이 붙은 까닭은 _____

_____

- 칼라콩이라는 별명이 붙은 까닭은 _____

_____

3 이야기에 나오는 등장인물의 생김새를 상상하여 그리고 색칠해 봅시다.

(까만콩)

까만콩 칼라콩 얼룩콩

김상규

"와르르!"

점심을 먹고 아이들이 쉬고 있는 시간입니다. 선생님은 잠시 나가시고 아이들끼리 도란도란 옹기종기 모여서 이야기를 하기도 하고, 근질근질 참지 못하는 아이들은 운동장으로 달려 나가려는데, 갑자기…….

"와르르!"

아이들이 몰려들고, 그 사이에 두 아이가 싸우느라 붙잡고 뒹굴고 있네요.

"야, 싸우지 마!"

말리는 아이도 있고 구경하는 아이도 있고 그냥 멀리서 바라보는 아이들도 있습니다. 강 건너 불구경이죠.

"이야, 까만콩 싸운다."

어떤 아이들은 이렇게도 말합니다.

"까만 편, 나쁜 편, 우리 편, 좋은 편. 우리 편 이겨라!"

까만콩은 재호의 별명입니다. 수용이의 주먹이 재호의 얼굴을 때렸습니다.

"까만콩, 져~~라! 우리 편 이겨라!"

잠깐 고개를 숙인 재호가 손등으로 코를 슥 닦았습니다. 피가 묻어납니다. 재호가 울상이 됩니다. 그러고는 수용이 얼굴에 퍽 주먹을 날립니다.

"까만콩, 져~~라! 우리 편 이겨라!"

아이들은 재호가 지라고 소리를 지릅니다. 재호는 우리 편의 반대편입니다. 남의 편, 나쁜 편, 나쁜 나라 편이라는 생각을 아이들은 하고 있나 봅니다.

"야, 뭐 해! 말려 줘!"

반장 종훈이가 물 마시고 들어오면서 아이들에게 소리쳤습니다. 그제야 아이들 몇몇이 재호와 수용이를 붙잡았습니다. 둘 다 얼굴이 벌겋게 달아오르고 화가 가라앉지 않는지 씩씩거립니다. 두 팔이 잡히자 허공으로 발길질을 합니다.

하지만 이제 친구들이 말리니까 싸움은 시들해집니다. 둘 다 얼굴에 코피 자국이 얼룩져 있습니다.

이런 말 이런 뜻
강 건너 불구경: 자기에게 관계없는 일이라고 하여 무관심하게 바라보는 모양.

1 재호가 수용이와 싸울 때 아이들은 어떻게 행동했는지 써 봅시다.

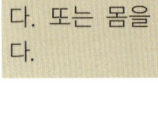

"너, 그런 말 한 번만 더 해 봐!"

재호가 눈에 힘을 주고 수용이에게 소리칩니다.

"어쩔 건데? 그러면 어쩔 거냐고. 이 까만콩 녀석아."

수용이도 지지 않습니다. 몸만 떨어져 있을 뿐, 둘은 아직도 싸우고 있는 거죠. 친구들이 말려서 어쩔 수 없이 서로 못 때리고 있을 뿐인 거죠.

그때였습니다.

"이거, 이거 뭐야! 왜 이래! 너희들 싸운 거야?"

담임 선생님입니다. 아이들이 후다닥 자기 자리로 돌아갑니다. 이제 싸웠던 아이들은 큰일이 났습니다.

"자, 모두 앉고, 둘은 이리 와 봐."

재호와 수용이가 담임 선생님 앞으로 갑니다. 가면서도 둘은 서로를 째려봅니다.

"누가 먼저 이야기할까? 재호? 수용이?"

재호가 머뭇거리는데,

"요 까만콩이요, 애들하고 밖에 나가 놀려고 하는데요. 막 뭐라고 하는 거에요. 그래서……."

"내가, 왜!"

재호가 수용이의 말을 끊고 이야기합니다.

"그래, 재호 이야기해 봐."

"내가 왜 까만콩인데? 난 까만콩 아니라고. 그냥 공 같이 차자는 거였는데, 니가 날 밀었잖아. 까만콩이라고 하면서."

"그랬어? 수용이가 재호를 까만콩이라고 하면서 밀었어? 그래서 싸움이 시작된 거야?"

수용이 얼굴이 억울하다는 것 같습니다.

"아니, 사실은요, 그게 아니고요."

"뭘! 니가 나 밀었잖아."

"아, 그게 아니라니까. 까만콩."

"어, 어, 니네 이러다 또 싸울라. 지금 선생님한테 혼나고 있는 거야. 혼나는데 또 싸우면 교장실로 가고, 부모님 오시라고 한다."

부모님 오셔야 한다는 말에 재호가 움찔합니다. 수용이도 마찬가지고요.

이런 말 이런 뜻
움찔하다: 깜짝 놀라 갑자기 몸이 움츠러들다. 또는 몸을 움츠리다.

2 재호는 부모님이 오셔야 한다는 말에 왜 움찔하였겠는지 써 봅시다.

_____

_____

"수용이가 말해 봐."

"사실은요. 까만콩이랑 공을 찰 생각은 있었어요. 근데……."

"근데?"

"교실 문밖에서 청소 당번이 대걸레 들고 들어오고 있었거든요. 물 뚝뚝 떨어지는 대걸레가 들어와서 비키라고 민 건데, 바닥에 물이 있던 거에요. 그래서 까만콩이 넘어지고 저를 잡았고, 그래서 둘이 엉키고……."

"그래서?"

"그래서……, 싸운 거죠."

재호는 그런 상황에서 벌어진 일인 줄 몰랐습니다. 그냥 까만콩이라고 놀리며 밀었다고 생각한 거죠. 밀어 버리면서 자기를 거부했다고 생각한 거에요. 까맣다고.

"재호는?"

"……."

"할 말 없어?"

"네."

재호는 아주 작은 목소리로 말했습니다. 수용이한테 좀 미안하다는 생각이 들기는 했지만, 자꾸 놀리는 건 싫거든요.

"아무 말이나 해 봐."

"전……."

재호가 말을 합니다.

"전 저를 까만콩이라고 놀리는 게 싫어요. 제 피부가 남들보다 진하다고 놀리는 건 엄마를 놀리는 것 같아서 정말 싫어요."

재호가 힘들게 말했습니다. 재호 어머니는 필리핀에서 오셨거든요.

이런 말 이런 뜻
거부: 요구나 제의 따위를 받아들이지 않고 물리침.

3 재호가 친구들이 까만콩이라고 놀리는 것을 싫어하는 까닭은 무엇인지 써 봅시다.

생각 키우기

"그래, 놀리는 건 나쁘지. 하지만 선생님이 보기엔 오늘은 수용이가 널 놀리려고 행동한 건 아닌 거 같은데……."

선생님이 수용이를 바라보았습니다. 수용이도 고개를 숙이고 있습니다.

"그래도 까만콩은 싫어요."

재호가 힘주어 말했습니다.

"그래, 수용이는 앞으로도 재호 보고 까만콩이라고 놀릴 거야?"

수용이가 고개를 가로저었습니다.

"에이, 큰 소리로 말해야지."

수용이가 조금 쭈뼛거리며,

"안 할 거에요. 그렇게 싫어하는 줄 몰랐어요. 까만콩이라고 하면 팔짝팔짝 뛰는 게 재미있어서 장난으로 그런 건데……."

수용이가 머리를 긁적이며 말합니다. 재호도 조금 미안하다는 생각이 듭니다. 서로 쳐다보고 픽 하고 웃습니다. 둘 다 얼굴은 조금씩 부어 있고, 코피 자국이 나 있거든요.

"그럼, 너희 둘 화해한 거지?"

둘 다 머쓱하게 웃기만 합니다.

"자, 자, 서로를 조금 더 이해하는 일이 된 거네. 자, 그럼 악수하고 끝낼까?"

선생님이 둘의 손을 잡아끌어 놓습니다. 누구랄 것도 없이 두 손을 잡고 웃습니다.

"그렇다고 다른 친구들 놀라게 싸운 잘못이 없어지는 건 아니야. 그 벌로 둘이 같이 칠판 지워라."

"네!"

둘은 같이 칠판을 지웁니다. 지우개가 툭툭 부딪힙니다. 하얀 분필 가루, 색색의 분필 가루가 조금씩 날립니다. 수용이가 장난으로 지우개로 재호의 머리를 툭 칩니다.

"야, 까만콩!"

"너, 그렇게 부르지 말라니까."

재호도 지우개를 들고 수용이의 머리를 툭 칩니다.

"어? 까만콩이 칼라콩이 되었네."

수용이가 웃습니다.

"그러는 너는 얼룩콩이네."

"앞으로는 절대 놀리지 않을게. 그동안 미안했어."

둘은 뭐가 좋은지 서로를 쳐다보며 웃고 난리가 났습니다. 언제 싸웠나 싶네요.

이런 말 이런 뜻
머쓱하다: 무안을 당하거나 흥이 꺾여 어색하고 열없다.

4 선생님께서 재호와 수용이에게 서로 싸운 벌로 무엇을 시키셨는지 써 봅시다.

생각 피우기

1 빈 곳에 알맞은 말을 넣어 등장인물의 특징을 정리해 봅시다.

〈재호〉
- 별명: _____
- 별명이 붙은 까닭: _____
- 어머니의 국적: _____

〈수용〉
- 재호가 붙인 별명: 얼룩콩
- 별명이 붙은 까닭: _____
- 어머니의 국적: 대한민국

> 국적이란 한 나라의 구성원이 되는 자격을 말하는 것으로, 우리나라 사람들의 국적은 대한민국입니다.

2 재호에 대한 수용이의 생각으로 알맞은 것에 ○를, 알맞지 않은 것에는 ✕해 봅시다.

재호에 대한 수용이의 생각	○, ✕
수용이는 재호가 까매서 까만콩 같다고 생각한다.	
수용이는 재호의 마음을 알고 진심으로 미안한 마음이 들었다.	
수용이는 재호가 까만콩이라는 별명을 싫어하는 걸 알고 있었다.	
수용이는 재호와 놀고 싶어 하지 않는다.	

3 재호의 마음으로 알맞은 것끼리 이어 봅시다.

재호는 자신의 별명을	•	•	화가 났다.
재호는 수용이가 자신의 피부색 때문에 자신을 따돌린다고 생각하여	•	•	싫어한다.
재호는 수용이에게	•	•	미안한 마음이 들었다.

C 더불어 살아가는 우리

생각 피우기

1 다음을 보고 자신이 재호의 반 친구라면 어떤 친구처럼 행동하고 싶은지 ○하고 그렇게 생각한 까닭을 써 봅시다.

 까만콩, 져~~라! 우리 편 이겨라!

 앞으로는 절대 놀리지 않을게. 그동안 미안했어.

내가 만약 재호와 같은 반이라면 나는 (😊 , 😐)처럼 행동하겠다. 왜냐하면

_____

_____ 때문이다.

2 다음은 재호네 반 아이들이 재호에 대해 나눈 이야기입니다. 다문화에 대한 존중이 담겨 있는 문장에는 웃는 표정(😊)을, 다문화에 대한 편견이 담겨 있는 문장에는 찡그린 표정(😖)을 그려 넣어 봅시다.

◆ "재호는 잘 안 씻는 게 아닐까? 저렇게 까만걸 보면."	
◆ "피부가 까매서 까만콩이라고 부르는 건데 뭐 어때?"	
◆ "필리핀 사람들은 굉장히 잘 웃는대. 그래서 재호도 평소에 잘 웃나 봐."	
◆ "같은 반 친구끼리 싸우는 건 나쁜 것인데, 옆에서 엄마가 필리핀에서 왔다고 무조건 재호 잘못처럼 말하는 친구들도 나빠."	

> 편견과 비슷한 말로는 '어떤 대상에 대하여 이미 마음속에 가지고 있는 고정적인 관념이나 관점'을 뜻하는 선입견이 있습니다.

생각 퍼뜨리기

1 다음 만화를 보고 주인공의 마음이 어떠할지 헤아려 봅시다. 그리고 다문화 친구를 위해 자신이 할 수 있는 일을 생각하며 '좋은 친구 선서문'을 써 봅시다.

좋은 친구 선서문

1. 친구를 놀리지 않습니다.
2.
3.
4.

20   년   월   일   선서자 :   (인)

C 더불어 살아가는 우리

생각 퍼뜨리기

작품화 하기

1 다음 광고에 어울리는 그림을 아래 빈칸에 그려 넣고, 자신의 다짐을 써 봅시다.

> 안녕, 우리 친구하자
>
> 이름도 쓰임새도 모두 다른 손가락.
> 그중 어떤 것도 가장 일 수는 없습니다.
> 함께일 때 완전한 힘을 갖는 우리는
> 화합의 제스처입니다.
>
> 문화체육관광부
> Ministry of Culture, Sports and Tourism

문화체육관광부 제공

나의 다짐

C-2 우리의 도움이 필요해요

공부한 날 _____년 _____월 _____일

공부할 문제 '광고'의 특성을 알고 아프리카 어린이를 돕기 위한 공익 광고를 만들어 봅시다.

생각틔우기 • 92
광고를 보고 광고에 대하여 알아보기

생각키우기 • 94
광고의 요소 파악하고 내용 정리하기

생각피우기 • 96
아프리카 어린이들의 어려움을 확인하며 공익 광고의 내용 떠올리기

생각퍼뜨리기 • 97
아프리카 어린이를 돕기 위한 공익 광고 만들기

생각 틔우기

1 다음 광고를 보고 물음에 답해 봅시다.

이제석광고연구소 제공

> 광고란 사람들에게 상품이나 생각을 알리고 권장하는 것을 말합니다.

1 이 광고에 등장하는 교통수단을 모두 써 봅시다.

> 마력은 말 한마리가 1초 동안 할 수 있는 일률을 말하며, 소형 자동차의 일률이 100마력 정도 됩니다.

2 이 광고에 나오는 '5만 마력 배기통에 운전수까지 딸린 차'는 어떤 교통수단을 의미하는 것일지 추측하여 봅시다.

---

3 이 광고에서 말하고자 하는 것이 무엇인지 빈칸에 알맞은 말을 써 봅시다.

| | | | |을 많이 이용하자.

배경지식

2 광고에 대해 알아봅시다.

이런 말 이런 뜻
경각심: 정신을 차리고 주의 깊게 살피며 경계하는 마음.

- 이 만화를 보고 알맞은 것끼리 선으로 이어 봅시다.

| 기업 광고 | • | • | 공공의 이익이나 공공 문제 해결을 위해 제작된 광고 |

| 공익 광고 | • | • | 상품 판매를 목적으로 제작된 광고 |

| 상품 광고 | • | • | 기업의 이미지를 좋게 하기 위해 제작된 광고 |

광고는 설득을 목적으로 하고, 사람들의 마음을 움직이기 위해 글, 그림, 사진 등을 사용해요.

ⓒ 더불어 살아가는 우리 **93**

생각 키우기

1 다음 광고를 살펴보며 광고의 요소를 알아봅시다.

- 헤드 카피 (머리글)
- 그림, 사진
- 바디 카피 (본문)

이제석광고연구소 제공

💬 광고의 요소

헤드 카피 (머리글)	광고에서 가장 핵심이 되는 문구를 말합니다. 가장 중요한 내용이 담겨 있으므로 가장 큰 글씨로 표현합니다. 헤드 카피는 간결하고 쉽고 핵심적인 것이 좋습니다.
그림이나 사진	광고 효과를 높이기 위해 그림이나 사진을 넣습니다. 주제와 관련이 있어야 하며 사람들의 눈길을 끌 만한 것이어야 합니다. 그림이나 사진이 광고의 어느 위치에 어떤 크기로 배치되어 있는지에 따라 광고의 효과를 높일 수 있습니다.
바디 카피 (본문)	헤드 카피를 보충하여 설명하는 부분입니다. 전달하고자 하는 내용을 짧고 쉬운 문장으로 씁니다. 한 문장에는 한 가지 생각만 넣는 것이 좋습니다.

1 94쪽의 광고를 보고 물음에 답해 봅시다.

1 다음 중 알맞은 말에 ○하고, 그 까닭을 써 봅시다.

　　이 광고는 (상품 광고, 공익 광고)이다. 왜냐하면 _____
　　_____ 때문이다.

2 다음 빈칸에 알맞은 말을 넣어 광고가 전달하고자 하는 내용을 완성해 봅시다.

> 1950년, 우리나라가 다른 나라의 ☐☐을 받은 것처럼 이젠 우리가 ☐☐☐☐를 도와야 합니다.

3 이 광고에서 인상적인 점을 자유롭게 써 봅시다.

_____
_____

4 다음은 이 광고를 보고 친구들끼리 나눈 이야기입니다. 광고에 대해 바르게 말하지 못한 친구는 누구인지 이름을 써 봅시다.

> 단비: 고아인 여자아이의 사진을 흑백으로 표현하여 지금이 아니라 옛날 모습임을 표현하고 있어.
> 현태: 아프리카 어린이의 사진을 칼라로 표현한 것은 현재임을 나타내 주는 것 같아.
> 정아: 뒤에 탱크가 보이게 하여 전쟁 상황임을 나타내 주어서 광고의 내용을 이해하기가 더 쉬워.
> 성찬: 바디 카피 내용은 눈에 잘 띄도록 가장 크게 적어서 주제를 잘 드러내고 있어.

　　　　　　　　　　　　　　　　　　　　　　　(　　　　　　　　　)

생각 피우기

1 아프리카의 어린이들이 겪는 어려움을 생각하며 글을 읽고 물음에 답해 봅시다.

> 남수단은 아프리카 동북부에 있는 나라로 인구 1,000만 명 중 식량 부족 인구가 470만 명, 5세 미만의 유아 사망률이 1,000명당 135명인 열악한 상황의 나라이다.
>
> 이 나라의 가장 큰 문제 중 하나는 깨끗한 물을 구할 수 없다는 것. 수도인 '주바'의 주민들은 나일 강을 정수한 물을 사먹을 수 있지만 시골에선 물을 사 마실 수가 없다. 운이 좋은 마을이라면 구호 단체가 설치한 펌프로 끌어올린 깨끗한 지하수를 마실 수 있지만 대개 펌프까지 가려면 30분에서 길게는 3시간 가량의 시간을 걸어가야만 한다. 그래도 이렇게 펌프라도 있다면 그나마 다행이고 펌프 물을 구할 수 없는 마을의 주민들은 더러운 강물이나 웅덩이 물을 그냥 마신다. 시뻘건 흙탕물에 지푸라기가 둥둥 떠 있는데도 그냥 마실 수밖에 없다. 이런 물에는 기생충 알이나 균이 살고 있어 이 물을 잘못 마신 아이들은 고열을 동반한 설사로 고생을 하기도 하고, 약조차 먹을 수 없어 죽어 가기도 한다.
>
> 사람이 사람답게 살기 위해 필요한 최소한의 물은 마시고 씻는 물을 포함하여 1인당 하루 15리터라고 한다. 그리고 이 정도를 지속적으로 공급하려면 적어도 500명당 펌프 한 대씩은 있어야 한다.
>
> 펌프 한 대를 설치, 관리하고 주민 교육을 하는 데 드는 돈은 약 1,000만 원 정도. 한 사람에게는 큰 돈이지만 한 사람당 1만 원씩 기부하여 1,000명이 함께한다면 남수단의 수천 명의 마을 주민들이 깨끗한 물을 마실 수 있게 된다.

이런 말 이런 뜻
열악하다: 품질이나 능력, 시설 따위가 매우 떨어지고 나쁘다.
정수하다: 물을 깨끗하고 맑게 하다.

1 남수단의 마을 주민들이 겪고 있는 어려움은 무엇인지 써 봅시다.

---

2 사람이 사람답게 살기 위해 필요한 최소한의 물은 1인당 하루 몇 리터라고 하였습니까? 알맞은 숫자를 써 봅시다.

하루 (　　　　)리터

3 몇 명의 사람이 얼마씩 기부하면 펌프 한 대를 설치할 수 있다고 하였는지 빈칸에 알맞은 숫자를 써 봅시다.

(　　　)명의 사람이 (　　　) 원씩 기부하면 된다.

생각 퍼뜨리기

1 아프리카 어린이를 돕기 위한 공익 광고를 만들어 봅시다.

> 광고를 만들 때에는 광고의 의도가 잘 드러나는지, 광고 문구와 내용이 잘 어울리는지 살펴봅니다.

> 광고는 가장 핵심이 되는 문구인 헤드 카피(머리글), 헤드 카피를 보충하는 바디 카피(본문), 주제를 효과적으로 드러내 주는 그림이나 사진으로 구성됩니다.

C 더불어 살아가는 우리

C-3 다른 나라의 어려움도 도와야 하는가

공부한 날 _____년 _____월 _____일

공부할 문제 '다른 나라의 어려움도 도와야 하는가'에 대한 자신의 의견을 주장하여 봅시다.

생각틔우기 · 99
지구촌과 세계시민의 의미를 알고 논술 주제 파악하기

생각키우기 · 102
두 사례를 통하여 입장 비교하고 자신의 입장 정하기

생각피우기 · 105
자신의 생각을 정리하여 개요 완성하기

생각퍼뜨리기 · 107
다른 나라의 어려움을 도와주는 것에 대한 주장하는 글 쓰기

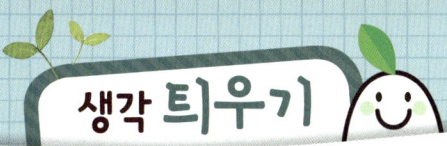

1 다음 그림을 보고 빈칸에 알맞은 말을 써 봅시다.

자동차, 배, 비행기 등과 같은 ☐☐ 수단의 발달과 우편, 전화, 인터넷 등과 같은 ☐☐ 수단의 발달로 세계는 마을의 이웃처럼 점점 가까워지고 있습니다.

2 다음 그림과 설명을 보고 연상되는 낱말을 빈칸에 써 봅시다.

지구 전체가 한 마을처럼 가까워졌다는 뜻을 가진 말로, 지구에 사는 사람들 모두가 서로를 알게 되고 서로 도우며 살아가는 사회를 말합니다.

☐☐☐

C 더불어 살아가는 우리 99

생각 틔우기

3 다음 빈 곳에 자신이 살고 있는 곳과 이름을 쓰고, 아래 빈칸에 알맞은 낱말을 써 봅시다.

지구촌
대륙: 아시아
국가: 대한민국
시·도: _____
시·군·구: _____
동: _____
이름: _____

우주에서 보면 지구는 하나입니다.
우리는 지구촌에 사는 ☐☐☐☐ 입니다.

세계시민이란 다양한 지구촌 문제에 관심을 가지며, 지구촌 문제를 해결하기 위해 세계인과 함께 소통하며 노력하는 사람을 말합니다.

4 다음 내용을 읽고 자신의 생각과 일치하는 칸에 ○해 봅시다.

나의 세계시민 의식은 어느 정도 되는지 파악해 봅시다.

내용	그렇다	아니다
어떤 한 나라의 문제는 곧 지구촌의 문제이므로 서로서로 도와주어야 한다고 생각한다.		
나는 최근 한 달 이내에 일어난 지구촌 문제를 다른 사람에게 설명할 수 있다.		
나는 서로 다른 생각을 가진 사람들과 협력하여 문제를 해결하는 것을 좋아한다.		

1 다음을 보고 논술 주제에 대해 생각해 봅시다.

1 지효와 가은이의 의견을 정리해 봅시다.

이런 말 이런 뜻
구호물자: 재해나 재난 따위로 어려움에 처한 사람을 돕기 위한 물자.
파견: 일정한 임무를 주어 사람을 보냄.
제도: 관습이나 도덕, 법률 따위의 규범이나 사회 구조의 체계.
위급한: 몹시 위태롭고 급한.

2 친구들이 토론할 토론 주제를 써 봅시다.

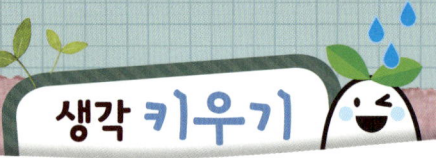

1 다음 글을 읽고 지구촌 다른 곳에서 겪고 있는 어려움에 대해 알아봅시다.

지난 4월 16일 에콰도르에 규모 7.8 규모의 강력한 지진이 발생해 19일 기준, 654명이 숨지고 16,601명이 다친 가운데 피해 규모는 계속 늘어나고 있습니다. 이번 지진으로 6,998채의 건물이 완전히 붕괴되고 건물 2,740채와 학교 281곳이 파손되었습니다.

지진 이전에도 영양, 보건, 식수 위생, 보호 등 여러 면에서 열악한 삶을 살았던 에콰도르의 어린이들은 이번 일로 더 큰 고통 앞에 놓였으며 아이들이 겪은 정신적 충격도 이루 말할 수 없습니다. 이에 월드비전 등 긴급 구호 단체들은 에콰도르의 마나비(Manabi) 지역에 5개의 아동 심리 지원 센터를 열어서 정신적 충격을 받은 아동의 피해를 경감하기 위해 노력을 아끼지 않았습니다.

전혀 예상치 못한 지진으로 인해 정신적·물질적 피해를 입은 에콰도르의 어린이들은 편안하게 잠을 잘 집도, 사랑하는 가족도 잃은 채로 힘겨운 하루하루를 보내고 있습니다. 이들에게 우리의 도움이 필요합니다.

- 지진으로 인해 정신적·물질적 어려움을 겪은 에콰도르 어린이들을 위로하고 격려하는 응원의 메시지를 써 봅시다.

이런 말 이런 뜻

붕괴: 무너지고 깨어짐.
열악하다: 품질이나 능력, 시설 따위가 매우 떨어지고 나쁘다.
경감하다: 부담이나 고통 따위를 덜어서 가볍게 하다.

2 다음 글을 읽고 물음에 답해 봅시다.

수아야, 얼른 나아야 해.

다섯 살 된 내 동생 수아는 백혈병에 걸렸다고 한다.
예뻤던 머리카락은 항암 치료라는 것 때문에
모두 깎은 거라고 했다.
그 대신 우리 수아는 늘 모자를 쓴다.

유일한 치료법은 골수를 이식하는 것.
우리 가족 중엔 유일하게 엄마가 수아에게
골수를 나누어 줄 수 있다고 한다.

하지만 골수 이식을 하려면 돈이 아주 많이 든단다.
우리 집은 돈이 없는데…… 편찮으신
할아버지 간병에, 우리 수아 병원비까지…….
아빠의 적은 월급으론 턱없이 부족해
수술을 할 수 없다고 한다.

수술을 할 수 있게 된다면 얼마나 좋을까?
내 소원은 수아가 빨리 나아서 나랑 같이
놀이동산에 놀러 가는 것이다.
예쁜 수아와 같이 솜사탕도 먹고 싶다.
'그러려면 수아야……, 얼른 나아야 해.'

1 수아가 겪고 있는 어려움은 무엇인지 써 봅시다.

이런 말 이런 뜻

골수 이식: 건강한 사람의 골수 세포를, 혈구 형성을 자극하기 위하여 환자의 정맥 속에 주사로 이식하는 방법.

간병: 앓는 사람이나 다친 사람의 곁에서 돌보고 시중을 듦.

2 수아를 위해서 우리가 할 수 있는 일에는 어떤 것들이 있을지 써 봅시다.

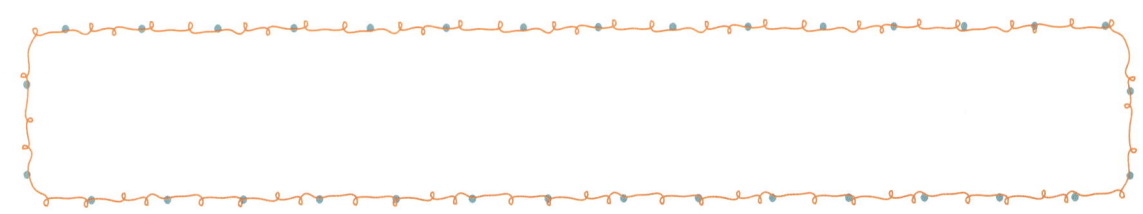

생각 키우기

문제해결 방법알기

3 102, 103쪽에서 읽은 두 가지 상황을 떠올리며 다음 글을 읽고 자신의 생각을 정리해 봅시다.

> 우리는 우리가 살고 있는 이 지구가 하나의 마을이라고 생각하고 있어. 그래서 그 마을을 우리는 '지구촌(村)'이라고 부르지. 마을이라고 생각하니 왠지 먼 나라도 가까운 나라처럼 느껴지지 않니?
>
> 이런 지구촌에서 늘 행복한 일들만 일어나는 것은 아니야! 경제적·정치적·사회적·군사적 문제들이 끊임없이 일어나 많은 사람들이 어려움을 겪고 있지.
>
> 우리 주변에도 가난 때문에 힘들어 하는 사람들, 독거노인, 노숙자 등 생활에 어려움을 겪는 불쌍한 이웃들이 많이 있지? 그것처럼 지구촌 곳곳에도 식량 문제, 식수 문제, 환경 문제, 전쟁 등으로 고통받고 있는 수많은 사람들이 모두들 우리의 도움을 기다리고 있어.

■ 이 글을 읽고 자신이 돕고 싶은 사람과 그렇게 생각한 까닭을 써 봅시다.

만약 여러분이 한 명의 친구에게만 도움을 줄 수 있다면 도움의 손길을 누구에게 먼저 더 전해 주고 싶나요?

〈지진으로 고통받는 에콰도르의 어린이〉

〈백혈병으로 아파하는 수아〉

내가 만약 한 명의 친구에게 도움을 줄 수 있다면 (　　　　　)를 도울 것이다. 왜냐하면 _____

이런 말 이런 뜻
독거노인: 가족 없이 혼자 살아가는 노인.
노숙자: 길이나 공원 등지에서 한뎃잠을 자는 사람.

생각 피우기

1 다음 주제로 주장하는 글을 쓰려고 합니다. 자신의 입장을 선택하여 ✓하고, 주제에 알맞은 제목을 써 봅시다.

주제	다른 나라의 어려움도 도와야 하는가
나의 입장	☐ (찬성) 다른 나라의 어려움을 도와야 한다. ☐ (반대) 다른 나라의 어려움을 돕지 말아야 한다.

↓

제목	

2 친구들이 주제와 관련된 다양한 근거를 제시하고 있습니다. 찬성 쪽 근거이면 스케치북에 노란색을, 반대 쪽 근거이면 파란색을 칠하고 빈 스케치북에는 자신이 생각하는 또 다른 근거를 써 봅시다.

생각 피우기

1 다음은 주장하는 글을 쓰기 위한 개요입니다. 자신과 같은 입장에 ✓하고, 빈칸에 알맞은 말을 넣어 표를 완성해 봅시다.

개요란 글의 주제와 목적에 맞게 글을 설계하는 것입니다.

개요를 짜는 까닭은 글의 목적에 맞게 글감, 중심 내용, 강조하고자 하는 내용을 어느 곳에 어떻게 효과적으로 배치할까를 미리 생각해 보고, 이를 바탕으로 하여 글을 쓰면 훨씬 좋은 글이 나오기 때문입니다.

앞에서 살펴본 근거와 자신이 찾은 근거를 활용하여 본론의 내용을 써 봅시다.

제목	
서론	〈관련된 이야기나 경험〉
본론	주장: ☐ 다른 나라의 어려움을 도와야 한다. ☐ 다른 나라의 어려움을 돕지 말아야 한다.
	근거: ▶ ▶ ▶
결론	〈본론 요약 및 강조〉

106 논리가 술술 톡톡 4학년

1 '다른 나라의 어려움도 도와야 하는가'에 대한 자신의 입장을 주장하는 글로 써 봅시다.

제목 :

서론

본론(주장과 근거)

결론(본문 요약 및 강조)

D
생명 사랑의 실천

생명 존중이란 생명을 높이어 소중히 여기는 것을 말합니다. 생명은 그 자체로 선한 것이며 존중받아야 할 가치를 가지고 있으므로 우리는 살아 있는 모든 것의 생명을 소중히 여기고 존중해야 합니다.

D-1. 암소 음메의 모험

■ 생각틔우기
이야기와 관련된 배경지식에 대해 알아보고 낱말 익히기
■ 생각키우기
목차를 통해 이야기의 줄거리를 추측하고 내용 파악하기
■ 생각피우기
등장인물의 행동에 대해 판단하고 등장인물 되어 보기
■ 생각퍼뜨리기
생명을 존중하는 행동을 구별하고 뒷이야기 꾸며 쓰기

D-2. 강아지를 길에 버리지 맙시다

■ 생각틔우기
제안하는 글에 대해 알고 낱말 익히기
■ 생각키우기
제안하는 글을 읽고 반려동물이 버려지는 문제 상황 알기
■ 생각피우기
동물 등록제에 대해 알고 자신의 의견 정리하기
■ 생각퍼뜨리기
동물 등록제에 대하여 제안하는 글 쓰기

D-3. 의약품 개발을 위해 동물을 이용해도 되는가

■ 생각틔우기
우주견 라이카 이야기를 통해 논제 파악하기
■ 생각키우기
동물 실험에 관한 두 가지 입장을 알고 자신의 입장 정하기
■ 생각피우기
자신의 주장을 위한 근거 모으고 개요 완성하기
■ 생각퍼뜨리기
동물 실험에 대해 주장하는 글을 쓰고 동물을 대하는 자세 생각하기

D-1 암소 음메의 모험

공부한 날 _____ 년 _____ 월 _____ 일

공부할 문제 「암소 음메의 모험」을 읽고, 생명을 존중하는 자세에 대하여 생각해 봅시다.

생각틔우기 • 111
이야기와 관련된 배경지식에 대해 알아보고 낱말 익히기

생각키우기 • 113
목차를 통해 이야기의 줄거리를 추측하고 내용 파악하기

생각피우기 • 119
등장인물의 행동에 대해 판단하고 등장인물 되어 보기

생각퍼뜨리기 • 121
생명을 존중하는 행동을 구별하고 뒷이야기 꾸며 쓰기

생각 틔우기

배경 지식

1 다음 **보기**에서 골라 빈칸에 알맞은 말을 써 봅시다.

> **보기**
>
> 우유, 되새김질, 운반, 시각 장애인

사람을 돕는 동물들에 대해 자신이 알고 있는 지식을 활용하여 빈칸을 채워 봅시다.

안내견

- 하는 일: _____ 에게 길을 안내한다.
- 특징: 순종적이고, 공격성이 없다.
- 종류: 래브라도 리트리버, 골든 리트리버

젖소

- 하는 일: _____ 를 만든다.
- 특징: 건초를 빨리 먹고 나중에 천천히 _____ 한다.
- 종류: 홀스타인 종, 저지 종, 에어셔 종

말

- 하는 일: 사람이 타거나 물건을 _____ 한다.
- 특징: 달리기에 맞도록 근육이 발달되어 있다.
- 종류: 아랍 종, 서러브레드 종, 조랑말

2 다음 기사를 읽고 젖소가 우리에게 주는 도움에 대해 알아봅시다.

> ### 젖소 농가로부터 수집한 초유, 한우 농가에서 큰 인기
> – 젖소의 초유를 저장한 초유 은행 개설
>
> 한우는 젖소보다 초유량이 적어 송아지에게 초유를 먹이지 못하는 경우가 대부분이었습니다. 이에 초유 은행을 개설해 젖소 농가로부터 수집한 초유를 초저온 살균해 급속 냉동하여 보관하였다가 필요한 농가에 공급하는 곳이 많아지고 있습니다. '초유'는 소가 새끼를 낳은 후 1~2일간 나오는 진한 노란색의 우유를 말합니다. 이러한 초유는 일반 우유보다 영양소가 2~5배 높고 면역 물질이 포함되어 있어 송아지가 튼튼히 자라는 데 도움을 줍니다.
> 초유가 송아지의 폐사율을 줄이고 건강한 한우를 길러내는 데 큰 역할을 하고 있어 젖소의 초유를 이용한 '초유 은행'을 개설해 적극 활용하는 방법을 모색하고 있는 것입니다.
>
> 2000년 ○○월 ○○일 ○○일보

이런 말 이런 뜻

한우: 소의 한 품종. 한국소, 조선소.
면역: 몸속에 들어온 병원 미생물에 대항하는 항체를 생산하여 다음에는 그 병이 걸리지 않도록 된 상태. 또는 그런 작용.
폐사율: 전체에 대비하여 쓰러져 죽은 비율.
모색: 일이나 사건 따위를 해결할 수 있는 방법이나 실마리를 더듬어 찾음.

생각 틔우기

낱말
익히기

1 다음 낱말과 뜻풀이를 보고 빈칸에 알맞은 낱말을 보기 에서 찾아 써 봅시다.

보기
가축, 먹이, 지배, 풀, 나무

되새김질	한번 삼킨 ☐☐ 를 다시 게워 내어 씹는 짓.
운명	인간을 포함한 모든 것을 ☐☐ 하는 초인간적인 힘. 또는 그것에 의하여 이미 정하여져 있는 목숨이나 처지.
건초	마른 ☐.
코뚜레	소의 코청을 꿰뚫어 끼는 ☐☐ 고리.
축사	☐☐ 을 기르는 건물.

2 다음 낱말의 뜻풀이를 보고 뒤섞여 있는 글자들을 바로잡아 알맞은 의태어를 만들어 봅시다.

의태어란 사람이나 사물의 모양이나 움직임을 흉내 낸 말입니다.

껑 질 겅 질 → ☐☐☐☐

질긴 물건을 거칠게 자꾸 씹는 모양.

겁 지 겁 허 → ☐☐☐☐

조급한 마음으로 몹시 허둥거리는 모양.

스 부 스 → ☐☐☐

머리카락이나 털 따위가 몹시 어지럽게 일어나거나 흐트러져 있는 모양.

생각 키우기

1 다음은 「암소 음메의 모험」의 목차입니다. 목차를 보고 물음에 답해 봅시다.

> 1. 암소 음메의 궁금증
> 2. 탈출
> 3. 거짓말쟁이들
> 4. 다시 목장으로
> 5. 소들이 많이 모이는 곳
> 6. 또다시 탈출
> 7. 행복을 찾은 음메

글의 목차는 글의 목록이나 소제목 등을
정리해 놓은 차례를 말해요.
목차를 살펴보면 글의 전체 내용을 이해하거나
미리 추측해 볼 수 있어 좋아요.

1 다음은 목차를 보고 한 친구가 예측한 내용입니다. 빈칸에 알맞은 말을 써 봅시다.

- ◆ '일단 제목을 보니 음메는 ☐☐ 을 하려고 하겠군.'
- ◆ 암소의 이름이 ☐☐ 겠지?
- ◆ 음메는 탈출했다가 다시 목장으로 가게 될 것 같아.
- ◆ '소들이 많이 모이는 곳'은 ☐☐☐ 을 말하는 것이 아닐까?

2 글의 목차를 보고 자신이 예측한 내용을 자유롭게 써 봅시다.

D 생명 사랑의 실천 **113**

암소 음메의 모험

김상규

"이봐요, 얼룩이네."

음메는 자기 옆에서 되새김질을 하고 있던 암소 얼룩이네를 불렀습니다.

"음~~~."

털이 부스스한 얼룩이네는 대답도 잘 못 할 만큼 입안 가득 되새김질을 하고 있었지요. 입술 아래로는 허옇게 거품이 엉킨 침을 줄줄 흘리면서요.

"얼룩이네, 우리가 며칠이나 젖을 짜지?"

"음~ 며칠? 글쎄? 젖소에게 날짜가 중요한가?"

얼룩이네는 질겅질겅 되새김질에 아주 열심이었지요. 그럴수록 침은 더 많이 생겼어요.

"얼룩이네~."

음메가 다시 얼룩이네를 불렀습니다.

"우리가 일 년에 며칠을 젖을 짜며 지내는지 생각해 봤냐구!"

"일 년? 생각? 그게 다 무슨 말이야? 젖소는 젖 짜는 소란 말이야."

얼룩이네는 다시 질겅질겅, 오물오물 되새김질을 하네요.

"그래, 그건 나도 알지. 하지만 일 년에 며칠을 젖을 짜는지도 궁금하지 않아?"

음메도 갑작스럽게 생각난 궁금증 때문에 답답했거든요. 얼룩이네에게 다시 물어봤답니다.

"얼룩이네! 우리가 일 년에……"

"몰라. 난 그런 거 관심 없어. 시간 날 때 그냥 되새김질이나 할래. 잘 마른 건초와 영양이 듬뿍 담긴 복합 사료만 있으면 돼. 행복이라는 게 이런 거 아니겠어?"

아마 얼룩이네는 지금 이곳의 젖소로 있는 것이 정말 행복한가 보네요.

〈중략〉

음메는 바깥세상도 궁금하고 엄마도 찾고 싶어 우리를 떠나지만, 산 너머 마을 축사에서 발견됩니다. 그러자 주인 아저씨가 연락을 받고 달려오지요.

이런 말 이런 뜻
되새김질: 한번 삼킨 먹이를 다시 게워 내어 씹는 짓.
부스스하다: 머리카락이나 털 따위가 몹시 어지럽게 일어나거나 흐트러져 있다.
건초: 마른 풀.
축사: 가축을 기르는 건물.

1 음메의 질문에 얼룩이네는 왜 관심 없다고 답하였는지 써 봅시다.

_____

_____

멀리서부터 무슨 소리가 들리는 것 같았습니다.

"붕~~!" 소리 같기도 하고, "끼익!" 소리 같기도 하고, "철커덕!" 소리 같기도 하고……, 문이 열렸습니다.

"음메!(아, 안 돼!)"

주인 아저씨가 트럭을 가지고 온 겁니다. 음메가 사라지고 음메를 찾으러 여기저기 다녔다고 하네요. 요즘 젖소 값이 좋기 때문이겠지요. 소 값이 예전 같았으면, 소 한 마리 없어지는 거 사료비라도 줄었다고 좋아했을지도 모를 텐데 말이죠.

"야, 이 녀석! 어디를 그렇게 쏘다녔어? 그러니까 다리나 다치고 그러지."

주인 아저씨는 무척이나 다정한 듯 음메에게 말을 건네며 코뚜레에 꿰어 있는 줄을 잡아당겼습니다.

음메를 트럭에 태우려는 거지요.

음메는 고개를 뒤로, 옆으로 젖히고 흔들며 타지 않으려고 했습니다.

'이러면 난 뭐야? 엄마도 못 찾고, 다시 일 년에 삼백 일 동안 젖이나 짜는 암소로 살란 말이야?'

주인이 코뚜레를 놓치자, 음메는 여기저기 트럭을 들이받기 시작했습니다.

부러졌는지, 퉁퉁 부은 한쪽 다리가 휘청거렸습니다.

주인 아저씨가 얼른 채찍을 찾아서 음메의 등짝에 사정없이 휘둘렀습니다. 대나무 몽둥이로 피멍이 들도록 엉덩이 쪽을 때리기도 했습니다.

"이래도 말 안 들을래? 이래도? 이래도?"

아무리 때려도 한쪽 다리를 절면서도 타려고 하지 않는 음메를 막을 수 없었습니다.

'안 돼. 이렇게는 안 돼! 엄마도 못 만났는데, 세상 구경도 하지 못했는데.'

한참 동안의 실갱이는 계속되었고 마을 사람들의 도움으로 음메를 겨우 트럭에 실을 수 있었습니다.

목장에 돌아와서도 음메의 난동은 그치지 않았습니다. 얼룩이네는 보이지도 않았고요. 아마도 먼저 소들이 많이 모이는 곳으로 갔는지 모릅니다. 음메보다도 다섯 살이나 더 먹었으니까요.

이런 말 이런 뜻

코뚜레: 소의 코청을 꿰뚫어 끼는 나무 고리. 좀 자란 송아지 때부터 고삐를 매는 데 쓴다.(=쇠코뚜레, 소코뚜레)

난동: 질서를 어지럽히며 마구 행동함. 또는 그런 행동.

2 주인 아저씨가 음메를 반가워한 까닭은 무엇인지 써 봅시다.

_____

_____

D 생명 사랑의 실천

생각 키우기

점백이 아줌마가 암소의 운명이란 다 그런 것이라고 아무리 말려도 소용이 없었습니다. 밤이고 낮이고 성한 세 다리와 머리로 여기저기 부딪히고 부수고 난리를 피웠습니다.

그렇게 하루, 이틀이 지났습니다.

음메가 목장으로 돌아온 지 한 나흘쯤 되었을까요? 목장에서 출발하는 트럭에는 음메가 타고 있었습니다. 음메뿐만이 아니었습니다. 점백이 아줌마도 있었습니다. 갓 태어난 송아지도 한 마리 있었습니다. 저 혼자 제대로 서 있기도 힘든 송아지가 어디론가 실려 가는 거지요.

"넌 이름이 뭐니?"

음메가 먼저 말을 붙였습니다. 음메의 다리는 붕대로 칭칭 감겨 있었습니다.

"이름이요? 그런 거 없어요."

"이름이 없다고?"

"네. 저는 날 때부터 일찍 도축된다고 하면서 이름을 붙일 필요가 없다고 그랬어요. 무슨 말인지는 모르지만 말이죠."

"음, 그건 너나 나나 수많은 소들이 있는 곳으로 간다는 뜻이란다. 너무 마음 쓰지 말아라."

점백이 아줌마가 송아지를 혀로 핥아 주었습니다. 송아지는 무슨 말인지 잘 모르는 것 같습니다.

"쿵!"

아기 송아지가 옆으로 털썩 주저앉았습니다. 그 바람에 트럭 옆을 받은 거지요.

"왜 그러니?"

음메가 송아지에게 물었습니다.

"배가 고파서요. 어제부터 젖을 먹질 못했거든요."

음메는 자기의 축 처지고 쭈글쭈글해진 젖퉁이를 송아지에게 내밀었습니다.

"많지는 않지만 너 하나 배부르게 먹기에는 충분할 거야."

음메가 말했습니다.

> **이런 말 이런 뜻**
> **운명:** 인간을 포함한 모든 것을 지배하는 초인간적인 힘. 또는 그것에 의하여 이미 정하여져 있는 목숨이나 처지.
> **도축:** 고기를 얻기 위하여 가축을 잡아 죽임.

내용 파악하기

3 송아지가 이름을 갖지 못한 까닭은 무엇인지 써 봅시다.

_____

4 송아지를 보면서 음메는 어떤 마음이 들었을지 써 봅시다.

_____
_____

송아지는 허겁지겁 젖을 빨다가 잘 안 나오자 머리로 음메의 젖퉁이를 쿵! 쿵! 쳐올렸습니다. 기다란 호스에서는 느낄 수 없는 그런 느낌입니다. 살아 있는 생명에게 젖을 먹이는 것은 정말 기분 좋은 일입니다. 음메는 태어나서 처음으로 자기 새끼에게 젖을 먹이는 것 같다는 생각이 들었습니다.

그리고 어쩌면 엄마가 자신에게도 이렇게 젖을 물리고 싶어 했을 거라는 생각도 들었습니다. 얼굴도 기억나지 않는 엄마이지만 말이죠.

트럭이 도살장과 붙어 있는 우시장에 멈출 때까지 음메는 요 며칠간 겪은 이야기들을 젖을 빨고 있는 어린 송아지에게 이야기해 주었습니다.

점백이 아줌마는 이런 음메와 송아지를 지켜보고 있었습니다. 아무 말도 하지 않았습니다. 마치 암소의 운명이라는 걸 다 받아들이겠다는 듯이 말이죠.

트럭이 멈추었습니다.

아저씨가 트럭 뒤로 올라와 음메와 송아지의 고삐를 풀어서 천천히 내려 주었습니다. 상처가 없어야 고기 값도 더 받는다고 말이죠.

그때였어요.

갑자기 점백이 아줌마가 미친 듯이 사람들을 향해 달려들기 시작했습니다. 사람들이며 자동차며 나무들을 들이받기 시작했습니다. 점백이 아줌마의 이마에서 붉은 피가 흘러나왔습니다.

안전 요원이 총을 들고 나왔습니다. 아저씨가 총 앞을 가로막아 섰습니다.

"이봐! 저게 얼마짜리 소인데, 총을 쏘려고 그래?"

음메네 아저씨가 한 번은 막았지만, 점백이 아줌마가 계속 사람이며 나무, 건물을 들이받게 놔둘 수는 없겠지요.

다시 안전 요원이 점백이 아줌마를 향해 총을 겨누는 순간입니다. 더 이상 소동을 피우는 암소를 그대로 놓아두지 않겠다는 것이지요.

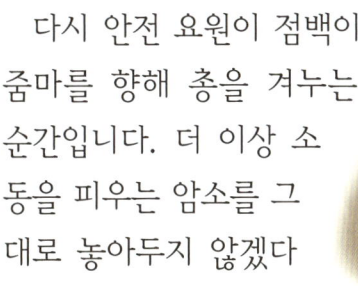

이런 말 이런 뜻
허겁지겁: 조급한 마음으로 몹시 허둥거리는 모양.
도살장: 고기를 얻기 위하여 소나 돼지 따위의 가축을 잡아 죽이는 곳.

5 아저씨는 왜 점백이 아줌마를 쏘려는 안전 요원을 막았는지 써 봅시다.

_____

_____

생각 키우기

실탄을 발사하려는 순간입니다.

점백이 아줌마의 검고 커다란 눈에 안전 요원이 겨누고 있는 총구가 보였습니다. 점백이 아줌마는 어디다 대고 그러는지 모르게 소리 높여 외쳤습니다.

"음~ 메에! (음메야, 머리를 들이밀고 어서 도망가.)"
"음~ 메에! (송아지랑 싱싱한 풀 먹고 행복하게 살아.)"
"음~ 메에! (네 엄마였다면 이렇게 싸웠을 거야.)"
"음~ 메에! (발굽을 세우고 어서 도망가.)"

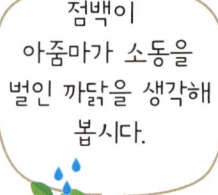

점백이 아줌마가 소동을 벌인 까닭을 생각해 봅시다.

사람들에게는 다 똑같은 소리로 들렸겠지만, 음메에게는 그리고 그 소리를 같이 듣는 어린 송아지에게는 달랐습니다.

"탕!"

점백이 아줌마가 풀쩍 뛰어올랐습니다.

"쿵!"

커다란 점백이 아줌마의 젖통이가 땅바닥에 먼지를 일으키며 떨어졌습니다. 점백이 아줌마의 커다란 눈에는 굵은 눈물이 흘러내리고 있었겠지요. 그렇지만 거품 섞인 침을 흘리며 웃고 있네요. 마치 아기 송아지를 만난 것처럼 행복해 보입니다. 사람들은 죽은 점백이 아줌마 곁으로 모여들었습니다. 바로 그 순간입니다.

"음메!"

하는 음메의 커다란 소리가 들렸지요. 음메와 송아지가 콧김을 씩~~ 씩~~ 거리며 우시장 울타리를 들이받고 뛰어나갔습니다. 얼룩 암소 두 마리가 앞뒤를 다투며 뛰어갑니다. 하나는 커다랗지만 절뚝거리고, 하나는 작지만 팔랑거리고 뛰어가지요.

> **이런 말 이런 뜻**
> **실탄:** 쏘았을 때 실제로 효력을 나타내는 탄알.
> **팔랑거리다:** 바람에 가볍고 힘차게 계속 나부끼다. 또는 그렇게 되게 하다.

새끼도 없이, 어미도 없이 시골에서 젖이나 짜던 암소 음메는 이제 없습니다. 아무리 어려운 일이 있더라도 둘이 힘을 합쳐 헤쳐 나갈 엄마 소와 아가 송아지만 있을 뿐입니다. 이제 막 음메와 송아지의 여행은 시작되었습니다.

어떻게 될까요? 과연 음메와 송아지는 행복한 암소의 삶을 만들어 나갈 수 있을까요?

내용 파악하기

6 총을 맞아 죽음을 맞이한 소는 누구인지 써 봅시다.

_____

7 음메는 왜 송아지를 데리고 달려 나갔을지 써 봅시다.

_____

_____

생각 피우기

1 다음을 읽고 일이 일어난 순서에 따라 빈칸에 알맞은 번호를 써 봅시다.

음메가 젖만 짜며 지내는 게 싫어 도망을 친다.	
음메가 송아지, 점백이 아줌마와 함께 소들이 많이 모이는 도살장으로 실려 간다.	
음메가 목장으로 돌아와 난동을 피운다.	
주인 아저씨가 산 너머 마을 축사로 음메를 데리러 온다.	
음메와 송아지가 도살장 밖으로 뛰어나간다.	

2 다음은 인물이 한 말과 그때 인물이 했을 생각이나 태도입니다. 알맞은 것끼리 선으로 이어 봅시다.

인물이 한 말	인물의 생각이나 태도
"우리가 일 년에 며칠을 젖을 짜며 지내는지 생각해 봤냐구!"	소를 생명으로 대하지 않고 돈으로만 본다.
"많지는 않지만 너 하나 배부르게 먹기에는 충분할 거야."	송아지가 안쓰럽다고 생각한다.
"이봐! 저게 얼마짜리 소인데, 총을 쏘려고 그래?"	젖을 짜고 싶어 하지 않는다.

3 다음을 읽고 이 글의 내용으로 알맞으면 ◯, 알맞지 않으면 ✕해 봅시다.

글의 내용	◯, ✕
얼룩이네는 먼저 도살장으로 갔을 것이다.	
송아지는 자기가 왜 실려 가는지 잘 알고 있다.	
음메는 일 년에 며칠동안 젖을 짜는지 궁금해한다.	
점백이 아줌마는 음메가 송아지와 행복하기를 바란다.	

D 생명 사랑의 실천 **119**

생각 피우기

1 다음 글을 읽고 점백이 아줌마가 왜 이런 행동을 했을지 생각해 봅시다. 그리고 이런 아줌마의 행동에 대하여 어떻게 생각하는지 ○하고 그렇게 생각한 까닭을 써 봅시다.

> 갑자기 점백이 아줌마가 미친 듯이 사람들을 향해 달려들기 시작했습니다. 사람들이며 자동차며 나무들을 들이받기 시작했습니다.

나는 점백이 아줌마의 행동이 (옳다, 옳지 않다)고 생각한다.

왜냐하면 _____

_____

2 다음 인물들의 생각을 보고 자신이라면 누구처럼 생각하고 행동하였을지 그렇게 생각한 까닭과 함께 써 봅시다.

나라면 (　　　　　　)처럼 생각하고 행동하였을 것이다.

왜냐하면 _____

_____

_____

생각 퍼뜨리기

1 「암소 음메의 모험」에 등장하는 인물의 행동 중 생명을 존중하는 행동에는 웃는 표정(😊), 생명을 경시하는 행동에는 찡그린 표정(😖)을 그려 넣어 봅시다.

> 점백이 아줌마가 송아지를 혀로 핥아 주었습니다.

> 음메는 자기의 축 처지고 쭈글쭈글해진 젖퉁이를 송아지에게 내밀었습니다.

> 주인 아저씨가 얼른 채찍을 찾아서 음메의 등짝에 사정없이 휘둘렀습니다. 대나무 몽둥이로 피멍이 들도록 엉덩이 쪽을 때리기도 했습니다.

💬 생명을 경시한다는 것은 생명을 하찮게 여긴다는 뜻으로, 생명 존중과 반대되는 말입니다.

2 다음 친구들의 행동을 살펴보고 한 명을 골라 ○하고, 해 주고 싶은 말을 써 봅시다.

> 길에서 파는 병아리를 사서 새처럼 날아 보라고 던지며 재미있어 하는 진우

"그렇게 하지 마, 진우야!"
"재미있는데 왜? 동물을 가지고 노는 게 뭐 어때서?"

> 비 온 다음 날 지렁이가 길에 보이자 밟아 죽여도 괜찮다는 승효

"지렁이를 밟으면 어떡해!"
"어때! 그래 봐야 흉측한 건데 뭐가 어떻다고 그래?"

> 강아지를 사지 말고 유기견 보호소에서 입양하자고 하는 은비

"엄마, 강아지를 사지 말고 유기견 보호소에 버려진 강아지를 입양하는 게 어떨까요?"

💬 유기견 보호소는 길에 버려진 강아지들을 보호하고 주인을 찾아 주는 곳이며, 주인을 찾지 못한 강아지들은 안락사 됩니다.

(진우, 승효, 은비)야, _____

_____

D 생명 사랑의 실천

생각 퍼뜨리기

작품화 하기

1 다음 목차와 ⬚ 안에 주어진 단서를 보고 뒷이야기를 상상하여 써 봅시다.

	목차	줄거리
1	암소 음메의 궁금증	음메, 궁금증, 바깥세상 목장에서 매일 젖 짜는 일만 하던 암소는 바깥세상의 일이 궁금해졌다.
2	탈출	음메, 탈출, 다리 부상 목장을 탈출한 음메는 여기저기 다니다가 다리를 다치고 산 너머 축사에 숨게 된다.
3	거짓말쟁이들	주인 아저씨 주인 아저씨가 트럭을 몰고 음메를 데리러 왔다.
4	다시 목장으로	음메, 다시 목장 주인 아저씨에게 이끌려 음메가 다시 목장으로 돌아왔다.
5	소들이 많이 모이는 곳	음메, 난동, 도살장 음메가 난동을 부리자 주인 아저씨는 음메, 점백이 아줌마, 그리고 아가 송아지까지 도살장으로 보낸다.
6	또다시 탈출	음메, 송아지, 점백이 아줌마의 도움 음메는 점백이 아줌마의 도움을 받아 송아지와 함께 사람들이 있는 곳에서 도망친다.
7	행복을 찾은 음메	음메, 송아지, 도로, 교통, 방송, 동물 보호 단체, 자유 〈뒷이야기〉

주어진 단서를 활용하여 자유롭게 이야기를 꾸며 보세요. 다 꾸민 뒤에는 이야기의 흐름이 자연스러운지 확인해 보는 것이 중요해요.

D-2 강아지를 길에 버리지 맙시다

공부한 날 _____ 년 _____ 월 _____ 일

공부할 문제 '제안하는 글'의 특성을 알고 동물 등록제에 대하여 제안하는 글을 써 봅시다.

생각틔우기 • 124
제안하는 글에 대해 알고 낱말 익히기

생각키우기 • 126
제안하는 글을 읽고 반려동물이 버려지는 문제 상황 알기

생각피우기 • 128
동물 등록제에 대해 알고 자신의 의견 정리하기

생각퍼뜨리기 • 129
동물 등록제에 대하여 제안하는 글 쓰기

생각 틔우기

1 다음 광고를 보고 빈칸에 알맞은 말을 써 봅시다.

마더캣 제공

이 광고는 반려동물을 사지 말고 입양할 것을 □□ 하고 있습니다.

해마다 버려지는 유기 동물의 수가 평균 10퍼센트 이상씩 늘어나고 있습니다.

제안이란 어떤 일을 더 좋은 쪽으로 해결하기 위하여 의견을 내는 것을 말하며, 제안하는 글이란 이러한 제안을 하기 위해 쓴 글을 말합니다.

2 다음은 제안하는 글의 짜임을 나타내는 표입니다. 글을 읽고 알맞은 말을 보기에서 골라 표를 완성해 봅시다.

보기

제안, 까닭, 문제 상황

제안하는 글의 내용	짜임
전국에서 발생하는 유기 동물의 수가 매년 10만 마리나 됩니다.	
반려동물을 사지 말고 입양했으면 좋겠습니다.	
그렇게 하면 버려진 동물들이 안락사 되는 것을 막을 수 있기 때문입니다.	

제안하는 문장에는 '…합시다', '…하면 좋겠습니다', '…하면 어떨까요?'와 같은 표현을 사용하고, 까닭을 나타내는 문장에는 '왜냐하면', '그 까닭은', '그렇게 하면', '…이기 때문입니다'와 같은 표현을 사용합니다.

3 다음은 '유기 동물 보호소'에 대한 내용입니다. 다음 글을 읽고 빈칸에 알맞은 말을 넣어 글의 내용을 정리해 봅시다.

> 전국 350여 개의 유기 동물 보호소에는 매년 약 10만 마리의 유기 동물이 거쳐 간다. 유기된 동물 10마리 중 5마리 이상이 개이다. 유기 동물은 주인을 찾기 위해 7일 동안 인터넷 등으로 공고되며, 주인을 찾지 못하면 다른 입양 희망자를 구한다. 보호소에 들어온 지 20일 동안 다른 입양 희망자에게 입양되지 않으면 안락사를 당하게 되는데 그 비율이 4마리 중 1마리 꼴이라고 한다. 결국 많은 반려동물들이 사람들의 필요에 의해 태어나 사람들에게 버려지고 사람들에 의해 죽게 된다.

1	전국에는 350여 개의 [ ]가 있다.
2	유기 동물은 주인을 찾기 위해 [ ]일 동안 공고되며, 입양을 기다린다.
3	입양되지 않은 유기 동물은 20일 만에 [ ] 당한다.

1 낱말의 뜻풀이를 보고 어떤 낱말인지 짐작하여 빈칸에 알맞은 낱말을 «보기»에서 찾아 써 봅시다.

«보기»
유기, 안락, 입양, 반려

[ ]동물
사람이 정서적으로 의지하고자 가까이 두고 기르는 동물.

[ ]동물
주인으로부터 버림을 받은 동물.

[ ]사
고통이 적은 방법으로 사람이나 동물의 생명을 단축하는 행위.

[ ]
양자로 들어감. 또는 양자를 들임.

D 생명 사랑의 실천 **125**

1 다음 글을 읽고 제안하는 글의 짜임을 확인해 봅시다.

강아지를 길에 버리지 맙시다

한 해 동안 전국에 있는 동물 보호소에 맡겨지는 유기 동물은 약 10만 마리 정도 됩니다. 작고 귀여워서 키우기 시작한 반려동물이 자라나 너무 커져 길에 버리거나, 반려동물이 질병을 갖게 되자 병원비가 많이 든다는 이유로 길에 버리는 주인들이 많아지고 있기 때문입니다. 이렇게 버려져 동물 보호소에 맡겨진 유기 동물 4마리 중 1마리는 새 주인을 찾지 못해 안락사로 죽음을 맞이하게 됩니다.

따라서, 강아지를 길에 버리지 말았으면 좋겠습니다. 왜냐하면 강아지를 버리면 버려진 강아지들이 정처 없이 떠돌아다니다가 차에 치여 죽거나 동물 보호소에서 안타깝게 안락사 당하기 때문입니다. 그리고 유기 동물을 보호하는 데 드는 많은 비용을 아낄 수 있어 국가 경제에도 도움이 될 것입니다.

생명은 그 자체로 소중한 것입니다. 함께 살아가는 반려동물로서 강아지를 키우기 시작했다면 자신이 키우기 시작한 강아지의 생명을 존중하는 마음으로 끝까지 책임지려는 자세를 가져야 할 것입니다.

■ 이 글의 내용을 제안하는 글의 짜임에 맞게 표로 정리해 봅시다.

짜임	내용
제목	강아지를 길에 버리지 맙시다
문제 상황	• 한 해 동안 약 10만 마리 정도의 유기 동물들이 버려지고 있다. • 동물 보호소에 맡겨진 유기 동물 4마리 중 1마리는 안락사를 당한다.
제안	
까닭	

2 반려동물을 버리는 까닭과 버리면 안 되는 까닭을 생각해 보고, 다음 빈 곳에 알맞은 내용을 써서 인터뷰 내용을 정리해 봅시다.

오늘은 유기 동물 보호소의 김사랑 소장님과 인터뷰 해 보겠습니다.
소장님, 반려동물을 길에 버리고 있는 사람들이 많아지고 있다고 들었습니다. 사람들이 반려동물을 버리는 까닭은 무엇인가요?

사람들이 반려동물을 버리는 까닭은 _____
_____
_____

그렇군요. 그럼 반려동물을 길에 버리는 것에는 어떤 문제점이 있나요? 반려동물을 길에 버리면 안 되는 까닭을 말씀해 주세요.

반려동물을 길에 함부로 버리면 안 되는 까닭은 _____
_____
_____

아, 그렇군요. 반려동물을 키우기로 한 처음 마음가짐 그대로 끝까지 책임지고 사랑해 줘야 하겠습니다. 그리고 반려동물 또한 우리와 똑같은 하나의 생명임을 꼭 명심해야겠습니다.
오늘 인터뷰 감사드립니다.

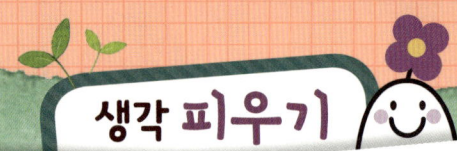

1 다음 기사를 읽고 물음에 답해 봅시다.

> 내년 1월 1일부터 3개월 령 이상의 반려견을 소유한 사람은 전국 시·군·구청에 반드시 동물 등록을 해야 한다. 등록하지 않을 경우 40만 원 이하의 과태료가 부과된다. 동물을 등록하는 방법에는 크게 내장형 무선 식별 장치 개체를 삽입하는 방법, 외장형 무선 식별 장치를 부착하는 방법, 등록 인식표를 부착하는 방법이 있다. 이렇게 동물 등록을 하면 반려견을 잃어버렸을 때 동물 보호 관리 시스템 상 동물 등록 정보를 통해 주인을 쉽게 찾을 수 있다는 장점이 있다.
>
> ○○일보 2013. 11. 25

> 최근 반려견에 내장형 무선 식별 장치(마이크로칩)를 삽입하는 동물 등록제 시행으로 동물 등록제에 대한 관심이 높아지고 있다. 동물 등록에 사용되는 내장형 무선 식별 장치는 반려견의 몸 속에서 부정적 반응이 없는 재질로 코팅된 쌀 알 크기만 한 동물용 의료 기기로, 동물용 의료 기기 기준 규격과 국제 규격에 적합한 제품만 사용되고 있어 안심할 수 있다는 것이 전문가들의 의견이다. 하지만 반려견들이 느낄 고통을 배제할 수 없다는 점에서 찬반이 엇갈리고 있다.
>
> ○○일보 2014. 3. 11

이런 말 이런 뜻
과태료: 벌로 물게 하는 돈.
부착하다: 떨어지지 아니하게 붙이거나 달다.

1 두 기사는 무엇에 관한 기사인지 빈칸에 알맞은 말을 써 봅시다.

☐☐ ☐☐☐

2 **1**의 답과 같은 제도를 시행하는 까닭은 무엇일지 써 봅시다.

---

3 다음은 두 기사에서 제시하고 있는 내장형 무선 식별 장치(마이크로칩)를 심는 동물 등록제에 대한 의견입니다. 자신은 어떤 의견에 동의하는지 ○해 봅시다.

> 저는 반려견 몸 속에 마이크로칩을 넣는 것에 찬성합니다. 칩을 넣으면 물론 강아지가 고통스러울 수 있지만 잃어버렸을 때 주인을 빨리 찾을 수 있고, 강아지를 버리는 사람들이 줄어들 것이기 때문입니다.

> 저는 반려견 몸 속에 마이크로칩을 넣는 것에 반대합니다. 강아지도 우리와 똑같은 생명이며 고통을 느낍니다. 주인을 쉽게 찾을 수 있다는 이유만으로 개에게 고통과 두려움을 주는 것은 옳지 않다고 생각합니다.

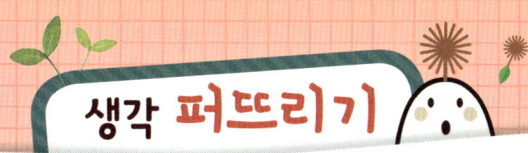

1 내장형 무선 식별 장치(마이크로칩)를 심는 동물 등록제에 대한 자신의 입장을 정하여 제안하는 글을 써 봅시다.

1 다음 표에 제안하는 글을 쓰기 위한 개요를 완성해 봅시다.

짜임	내용
제목	
문제 상황	
제안	
까닭	

2 **1**에서 작성한 개요를 바탕으로 하여 제안하는 글을 써 봅시다.

> 제안하는 글은 문제 상황, 제안, 까닭으로 구성됩니다.

D-3 의약품 개발을 위해 동물을 이용해도 되는가

공부한 날 _____년 _____월 _____일

공부할 문제 '의학품 개발을 위해 동물을 이용해도 되는가'에 대한 자신의 의견을 주장하여 봅시다.

생각틔우기 • 131
우주견 라이카 이야기를 통해 논제 파악하기

생각키우기 • 134
동물 실험에 관한 두 가지 입장을 알고 자신의 입장 정하기

생각피우기 • 136
자신의 주장을 위한 근거 모으고 개요 완성하기

생각퍼뜨리기 • 138
동물 실험에 대해 주장하는 글을 쓰고 동물을 대하는 자세 생각하기

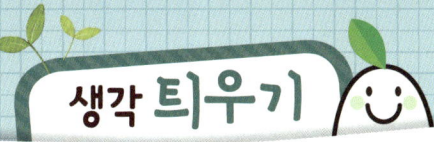

1 다음은 우주견 '라이카'에 대한 글입니다. 글을 읽고 물음에 답해 봅시다.

 배경지식

여러분은 이 우표에 나온 개에 대하여 알고 있나요? 우표에 나온 개는 최초의 우주견 라이카랍니다.

라이카는 모스크바 시내에서 거리의 음식물 쓰레기를 주워 먹으며 살던 떠돌이 개였습니다. 라이카는 우주로 보낼 개를 찾던 러시아 과학자들의 눈에 띄게 되었고 유달리 영특하고 얌전했던 탓에 다른 떠돌이 개들을 제치고 '우주견'으로 발탁되었습니다. 그리고 우주에 적응하기 위한 훈련을 받은 뒤 1957년 11월 3일, 라이카는 스푸트니크 2호에 실려 우주로 날아가게 되었습니다.

당시 러시아는 라이카가 우주 공간에서 지구를 돌며 1주일 동안 생존하다가 미리 설치한 장치로 약물이 주입돼 고통 없이 생을 마쳤다고 발표했습니다. 하지만 2002년, 러시아의 발표와 달리 라이카는 가속도와 높은 온도를 견디지 못하고 로켓이 발사된 지 7시간 만에 심장 박동이 평소보다 3배 더 빨리 뛰다가 죽었다는 사실이 밝혀지게 되었습니다. 이러한 사실이 알려지면서 많은 사람들은 라이카의 죽음을 안타까워하며 슬퍼했습니다.

라이카의 희생으로 과학자들은 인간을 우주로 보내는 데 필요한 많은 정보를 수집할 수 있었고, 그 결과 최초의 인간 우주 비행사 유리 가가린이 우주 비행에 성공할 수 있었습니다.

이런 말 이런 뜻
발탁되다: 여러 사람 가운데서 쓰일 사람이 뽑히다.
주입되다: 흘러 들어가도록 부어져 넣어지다.
가속도: 일의 진행에 따라 점점 더해지는 속도.

1 라이카는 어떻게 우주견으로 발탁되었는지 써 봅시다.

_____

2 라이카는 실제로 어떻게 죽게 되었는지 써 봅시다.

_____
_____

3 라이카의 희생은 우주 개발에 어떤 도움을 주었는지 써 봅시다.

라이카의 이야기를 다룬 『라이카의 별』도 읽어 봅시다.

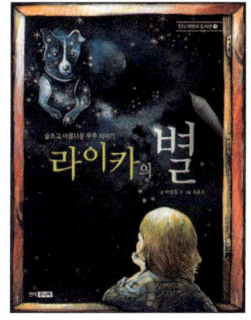

글 박병철, 그림 최윤선, /킨더주니어

생각 틔우기

문제 알기

1 다음은 131쪽 라이카에 관한 글을 읽고 두 아이가 나눈 대화입니다. 대화를 읽고 논제를 파악해 봅시다.

불쌍한 라이카! 우주개 '라이카' 이야기를 읽고 얼마 전에 읽은 기사가 생각이 났어. 우주 실험을 위해 우주로 보내진 쥐, 초파리, 침팬지에 대한 기사였는데 그중에는 살아서 돌아온 동물들도 있지만 우주에서 죽은 동물들도 많이 있었대.

동물들도 모두 소중한 생명체이고 존중받아야 할 권리가 있어. 그런데도 죽을 것을 뻔히 알면서 동물들을 우주로 보내는 것은 잘못된 일이라고 생각해. 동물을 이용한 무분별한 우주 실험은 금지되어야 해.

〈민희〉

내 생각은 달라. 동물들이 희생되는 건 안타까운 일이지만, 인류의 발전을 위해서는 어쩔 수 없지 않을까? 특히 우주 개발에서 실험동물의 역할은 절대적이야. 그동안 우주 실험에 활용된 동물들은 우주인이 우주로 가기 전 무중력 상태에서 생체 내에 어떤 변화가 일어나는지에 관한 많은 정보를 제공했어. 이런 동물 실험이 없었다면 결국 우주 비행을 나선 사람 중에 많은 희생자가 생겼을 거야.

〈영재〉

나도 네 말에 어느 정도는 동의해. 하지만 사람의 생명을 지키기 위해 동물을 희생시키는 것이 과연 옳은 일일까?

〈민희〉

이런 말 이런 뜻
무분별한: 세상 물정에 대한 바른 생각이나 판단이 없는.
무중력: 마치 중력이 없는 것처럼 느끼는 현상.
생체: 살아 있는 몸.

동물을 이용한 실험에는 우주 실험 외에도 화장품 실험, 식품 실험, 의약품 실험 등이 있어요. 이와 같은 동물 실험이 인간에게 많은 도움을 주고 있는 것은 사실이지만, 아무 죄 없는 소중한 동물의 생명을 앗아 가고 있는 것 또한 사실이지요.

이에 대해 여러분은 어떤 생각을 가지고 있나요?

132 논리가 술술 톡톡 4학년

2 132쪽 두 사람의 입장을 정리해 봅시다.

	민희	영재
주장	무분별한 동물 실험은 금지되어야 한다.	동물 실험은 이루어져야 한다.
그렇게 생각한 까닭		
동물의 생명에 대한 관점	동물도 모두 _____	인간을 위해서라면 _____

3 민희와 영재의 의견 중 누구의 의견에 동의하는지 ✓하고 그렇게 생각한 까닭을 써 봅시다.

☐ 민희   ☐ 영재

- 그렇게 생각한 까닭: _____

4 '동물도 존중받아야 할 권리가 있다'는 의견에 얼마나 공감하는지 자신의 입장을 아래의 선에 표시해 봅시다.

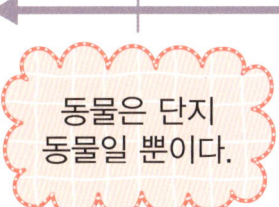

동물은 단지 동물일 뿐이다.

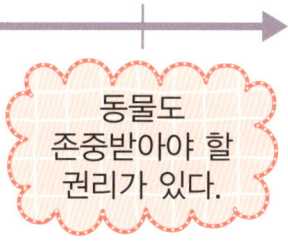

동물도 존중받아야 할 권리가 있다.

제시된 주장에 동의하는 정도를 화살표의 위치에 표시해 봅시다.

D 생명 사랑의 실천

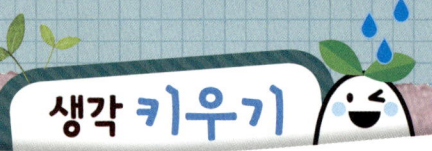

1 다음은 의약품 개발을 위해 동물을 이용하는 것에 대한 각 입장을 뒷받침해 주는 근거 자료입니다. 각각의 근거를 정리하며 잘 읽어 봅시다.

> **찬성** 의약품 개발에 동물을 이용할 수 있다.

✽ 안전한 의약품 개발을 위해 꼭 필요하다.

우리가 먹는 약들은 약물의 효능과 안전성 검증을 위해 반드시 동물 실험을 거치도록 되어 있습니다. 동물 내에서의 생체 반응을 통해 약물의 부작용을 예측하고 더 안전한 약물을 만들어 나갈 수 있기 때문입니다. 예를 들어 당뇨병 환자들을 치료하는 데에 쓰이는 인슐린은  동물 실험을 통해 그 안정성을 검증받았으며 수요자들의 신뢰 속에서 안전하고 값싸게 보급될 수 있었습니다. 만일 당신이 먹는 약이 안정성에 대한 검증을 받지 않은 약이라면 당신은 그 약을 마음 편히 먹을 수 있겠는지 생각해 보십시오.

> **반대** 의약품 개발에 동물을 이용해서는 안 된다.

✽ 인간을 위해 동물을 이용하는 것은 비윤리적인 행동이다.

 왼쪽의 그림은 의약품 개발을 위해 플라스틱 용기 안에 갇혀 있는 토끼 실험의 실제 모습을 보여 주는 상황입니다. 어떤 생각이 드시나요? 많은 동물들이 동물 실험 과정에서 부상을 당하고, 실험이 끝나면 죽임을 당합니다. 동물이 인간과 여러 가지 면에서 차이가 있다고 하더라도 동물 역시 인간과 마찬가지로 고통을 느낀다는 것을 기억해야 합니다.

✽ 동물 실험 대신 사용할 수 있는 다른 방법들이 있다.

동물 실험 외에도 환자 관찰이나 인간 세포와 조직을 이용한 실험, 컴퓨터 시뮬레이션을 통한 연구 등을 적절히 활용한다면 동물 실험을 하지 않고도 충분히 많은 정보를 얻을 수 있습니다. 살아 있는 생명을 희생시키지 않고도 연구할 수 있는 방법이 분명히 있는데 꼭 동물 실험을 해야만 할까요?

이런 말 이런 뜻
의약품: 병을 치료하는 데 쓰는 약품.
생체 반응: 생물의 몸 안에서 일어나는 반응.
검증: 검사하여 증명함.

2 134쪽의 두 글을 읽고 물음에 답해 봅시다.

1 의약품 개발에 동물을 이용할 수 있다는 주장을 뒷받침하는 근거는 무엇인지 써 봅시다.

_____
_____

2 의약품 개발에 동물을 이용해서는 안 된다는 주장을 뒷받침하는 근거는 무엇인지 써 봅시다.

_____
_____

3 의약품 개발에 동물을 이용하는 것에 대한 자신의 입장과 그렇게 생각한 까닭을 써 봅시다.

- 자신의 입장: _____
- 그렇게 생각한 까닭: _____
_____

4 다음 〈보기〉처럼 의약품 개발에 동물을 이용하는 것에 대해 찬성과 반대의 입장에 따른 제목을 만들어 봅시다.

〈보기〉
- 찬성 쪽: 동물 실험, 의약품 안전을 지키는 길
- 반대 쪽: 생명을 존중한다면 동물 실험 멀리하자

내가 만든 제목
- 찬성 쪽: _____
- 반대 쪽: _____

D 생명 사랑의 실천

생각 피우기

1 다음은 '의약품 개발을 위해 동물을 이용해도 되는가'라는 주장과 관련된 다양한 근거입니다. 찬성 쪽 근거이면 '찬성'을, 반대 쪽 근거이면 '반대'를 쓰고 빈 약 봉지에는 자신이 생각하는 근거를 써 봅시다.

➕ 약

동물도 괴로움과 고통을 느낀다.

( )

➕ 약

환자들이 약에 대해 신뢰를 가지고 치료를 받을 수 있게 된다.

( )

➕ 약

사람을 살리기 위해서라면 동물들이 희생되는 것은 어쩔 수 없다.

( )

➕ 약

동물 실험을 대체할 다른 방법들이 있다.

( )

➕ 약

동물 실험에 성공했다고 사람에게도 안전하리라는 보장은 없다.

( )

➕ 약

( )

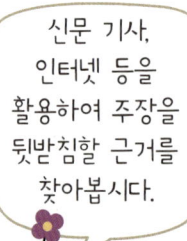
신문 기사, 인터넷 등을 활용하여 주장을 뒷받침할 근거를 찾아봅시다.

1 다음은 '의약품 개발을 위해 동물을 이용해도 되는가'라는 주장에 반대하는 입장에서 글을 쓰기 위해 작성한 개요입니다. 빈칸에 알맞은 말을 넣어 표를 완성해 봅시다.

제목	
서론	〈관련된 이야기나 경험〉 ▶ 토끼의 눈 점막을 이용한 의약품 실험 이야기 ▶ 의학 실험을 위해 좁은 상자에 갇혀 있는 흰 토끼들 그림
본론	**주장**: 의약품 개발을 위해 동물을 이용해서는 안 된다. **근거**: ▶ ▶ ▶
결론	〈본론 요약 및 강조〉

D 생명 사랑의 실천

1. 137쪽에서 작성한 개요를 바탕으로 '의약품 개발을 위해 동물을 이용해도 되는가'에 대해 반대하는 입장의 주장하는 글을 써 봅시다.

제목:

서론

본론(주장과 근거)

결론(본문 요약 및 강조)

창의성

1 동물 실험을 불가피하게 해야 한다면 어떤 마음으로 해야 할까요? 다음 일화를 살펴보며 동물 실험을 대하는 바른 자세에 대하여 생각해 봅시다.

파블로프의 의지

파블로프는 러시아의 생리학자로, '파블로프의 개 실험'으로 유명합니다.

이반 페트로비치 파블로프는 러시아의 작은 시골 마을에서 자랐어. 그에게는 커다란 꿈이 있었지. "난 훌륭한 동물 생리학자가 될 거야."

(중략)

파블로프는 훌륭한 생리학자가 되기 위해 의학까지 함께 공부했어. 그 덕분에 실험은 물론 외과 수술 기술까지 능숙하게 익힐 수 있었지. 그런데 파블로프에게 생각지 못한 시련이 닥쳤어. 생리학 연구를 위해서는 동물 실험을 피할 수 없는데, 실험실에서 끔찍한 장면을 목격하게 되었거든. 그날은 마침 동물의 장기 구조를 알아보기 위해 원숭이 해부를 하는 날이었어.

"실험실로 들어가 원숭이 해부를 시작하시오."

교수의 말에 실험실로 들어간 파블로프는 소스라치게 놀랐어. 해부를 위해 묶여 있는 원숭이가 마취도 안 된 상태였던 거야.

"말도 안 돼. 살아 있는 원숭이를 해부하라는 거야?"

하지만 해부 수업은 그대로 진행되었고, 고통 속에서 죽어 간 원숭이의 모습에 파블로프는 엄청난 충격을 받았어.

'실험 때문에 비참하게 죽어 가는 동물을 보는 게 너무 괴로워. 다른 방법은 없는 걸까?'

파블로프는 이런 고민을 하며 스스로에게 다짐했어.

'내가 실험을 주도하게 된다면 동물을 이런 식으로 죽게 하지는 않을 거야.'

그러던 중 파블로프에게 좋은 기회가 찾아왔어. 1884년, 러시아에서는 선진 기술을 익히기 위해 학생 세 명을 뽑아 독일로 유학을 보냈는데, 파블로프가 그중 한 명으로 뽑혔던 거야. 독일에서 파블로프는 다른 생리학자들과 함께 '동물 위액'에 관해 연구하게 되었어. 그런데 그 연구의 실험동물이 바로 개였어. 개는 사람과 소화계가 비슷한 포유류이면서 다루기 쉽고 지능이 높아 실험동물로 쓰였지.

'개의 위액을 연구하려면 개의 위를 꺼내야 하는데, 개를 죽이지 않고 실험 할 수 있는 방법을 없을까?'

파블로프는 여러 가지를 궁리한 끝에 한 가지 방법을 찾아냈어.

'아하! 그렇게 하면 되겠어. 어차피 우리에게 필요한 건 개의 위액 뿐이잖아. 그러니까 개를 죽이지 않고 위와 식도만 째서 관을 통해 개의 분비물을 밖으로 빼내면 돼.'

파블로프는 특별한 수술법을 고안해 냈어. 그래서 개를 죽이지 않고도 위액을 얻었을 뿐 아니라, 살아 있는 개의 위 속에서 일어나는 소화 과정까지도 알아낼 수 있었지.

"개를 죽이지 않고 성공적으로 실험했어. 정말 다행이야."

■ 출처
『세상에서 가장 특별한 개 이야기』
글 이향안
그림 김주리
/ 수경출판사

💬 **나의 생각**

A 내 마음속 진심

A-1 내일은 내일이야

9쪽 배경지식
1. 눈덩이
2. 먹물, 거짓말, 마음

10쪽 낱말 익히기
1. 볼메다, 비교하다, 뾰로통하다, 난감하다, 선택하다, 골탕

11쪽 예측하기
1. 고민, 이해
2. ㉑ 왜 거짓말을 하냐고 따져 물을 것이다. / 기분이 나쁘다고 말하고 앞으로는 거짓말을 하지 말라고 말할 것이다.

12쪽 내용 파악하기
1. 신문을 보고 계셨다.

13쪽 내용 파악하기
2. 귀찮다는 생각도 들고, 그걸 어떻게 비교하나 하는 생각이 들었다.

14쪽 내용 파악하기
3. 성진이 대신 청소를 해 주어서
4. ㉑ 성진이가 한 말의 속뜻을 제대로 이해하지 못해 어리둥절하였을 것이다. / 기분이 좋지 않았을 것이다.

15쪽 내용 파악하기
5. ㉑ 알아듣게 설명했는데도 대용이가 자신의 말을 전혀 이해하지 못했기 때문에 / 성진이가 거짓말을 한 것인데 아직까지도 성진이가 게임 CD를 줄 것이라고 생각하고 있기 때문에

16쪽 느낌·생각

1. ㉑

배 려	✓ 많음	○ 보통	○ 적음
우 정	✓ 많음	○ 보통	○ 적음
순수함	✓ 많음	○ 보통	○ 적음
진실성	✓ 많음	○ 보통	○ 적음
지 혜	○ 많음	○ 보통	✓ 적음

까닭: ㉑ 친구 대신 청소를 해 준 것으로 보아 배려가 깊고 친구 간의 우정을 중요하게 생각한다. 친구가 한 거짓말을 그대로 믿는 것으로 순수하다는 걸 알 수 있지만, 아빠의 말씀을 듣고도 잘 이해하지 못하는 것으로 보아 지혜는 부족하다고 생각한다.

2. ㉑

사건	하고 싶은 말
아빠가 신문을 보면서 대용이의 질문에~	아저씨, 아들이 하는 말에 좀 더 귀 기울여 주셨으면 좋겠어요.
대용이가 청소를 대신 해 달라는 성진이의 말을~	대용아, 귀찮은 일이지만 친구의 부탁을 거절하지 않고 대신 해 준 것은 칭찬해 줄 만한 일이라고 생각해.
성진이가 "내일 게임 CD를 줄게."라고~	성진아, 너는 농담으로 한 말을 상대방은 진심으로 받아들일 수 있어.
성진이가 내일 준다고 말하는 것을 대용이가 의심하지 않고~	대용아, 남을 의심하지 않는 것은 좋지만, 때에 따라서는 그 사람이 말한 의도를 잘 생각해야 할 때가 있어.
대용이가 아빠의 설명을 다 듣고도 아빠에게 성진이가 내일~	대용아, 아빠의 말을 제대로 들은 거 맞니? 성진이는 농담을 한 것이라고 말씀하셨는데.

17쪽 느낌·생각

3. ㉑ 성진이에게 장난으로라도 거짓말하는 것은 나쁘다고 말해야 해. / 성진이가 농담으로 너에게 한 말이야. 원래 네가 달라고 한 것도 아니고, 꼭 필요한 것도 아니니까 잊어버려. / 성진이에게 너의 거짓말 때문에 기분 나쁘고 계속 신경 쓰였다고 말하고, 전처럼 다시 사이좋게 지내자고 말해야 해.

4. ㉑ 성진아, 대용이에게 장난으로 그런 말을 한 거니? 친구 사이에 거짓말하는 것은 좋지 않아. 대용이는 너의 농담을 진짜로 알아듣고 계속 기대하고 있잖아. 지금이라도 대용이에게 농담이었다고 장난쳐서 미안하다고 사과하고, 예전처럼 친하게 지내는 게 어떻겠니?

18쪽 창의성

1. ㉑ 우리들을 향한 부모님의 사랑은 대가를 지불하지 않는 것이다. 대가를 바라지 않고 언제나 우리를 위해 헌신하신다. / 사회 곳곳에 어려운 사람들을 위해 헌신하는 자원봉사자들의 노력에도 대가를 지불하지 않는다.

2 예

```
제    호

상    장

베스트 친절상

성보라의 부모님은 평소에 항상
친절하시고 언제나 사랑을 베풀
어 주시기에 감사한 마음을 담아
상장을 드립니다.

20○○년 5월 8일
성보라
```

A-2 정직과 성실의 가치로 행복한 세상

20쪽 배경지식

1 1 수학 시험과 정직 시험

2 정직 시험

3 예 정직의 가치가 소중하다.

21쪽 배경지식

2 관심, 육하원칙, 문장

3 예 • 버려지는 반려동물에 관한 기사문
• 우리 땅 독도 관련 기사문
• 어린이 안전사고에 관한 기사문
• 국회 의원 선거에 관한 기사문
• 초등학생의 독서 실태에 관한 기사문

22쪽 배경지식

4 – 제목
– 줄거리 또는 요약
– 본문

24쪽 내용 파악하기

1 1 뻥튀기 장사

2 용인의 구갈초등학교 앞에서 교통 봉사 활동을 하신다.

3 사고 위험에 노출되어 있는 어린이들의 안전이 우선이라는 생각 때문에

4 아이들에게 고맙고 보람을 느낀다.

2 예 뻥튀기 아저씨가 성실한 자세로 늘 봉사해 주셔서 학생들이 안전하고 행복한 학교 생활을 할 수 있다.

3 예

닮은 인물	닮은 점
꿈나무 지킴이 할아버지	매일 아침 환한 미소로 우리의 교통 안전을 지켜 주시는 점

25쪽 내용 정리하기

1 예

누가	뻥튀기 아저씨가
언제	15년 동안 아이들 등·하교 시간에
어디에서	구갈초등학교 정문 앞 횡단보도에서
무엇을	교통 봉사 활동을
어떻게	교통 봉사 조끼를 입고 어린이들이 건널목을 안전하게 건널 수 있도록 지켜 주고 계심.
왜	사고 위험에 노출되어 있는 어린이들의 안전이 우선이라는 생각 때문에

2 예

확인할 내용	평가
◆ 읽는 이의 관심과 흥미를 끌 만한 내용이었다.	★★★
◆ 육하원칙에 맞게 일어난 일을 자세하게 썼다.	★★★
◆ 읽는 이가 쉽게 이해하도록 문장을 간결하고 정확하게 썼다.	★★★

26쪽 글쓰기

1 예

△△ 신문

초등학생이 거짓말을 하는 이유 다양해

　최근 초등학생의 거짓말에 관련된 설문 조사 결과가 나와 눈여겨볼 필요가 있다. 이 설문 조사는 학생들의 생활 지도에 도움을 얻고자 실시되었다. 아이들이 거짓말을 하는 이유는 여러 가지로, 거짓말을 하지 않는다고 답한 아이는 하나도 없었다.
　지난 ○○월 ○○일, ○○ 어린이 재단에 따르면 우리나라 초등학생 330명을 대상으로 '거짓말을 하는 이유'라는 주제로 설문 조사를 한 결과, 105명의 학생이 '숙제를 하지 않아 선생님께 혼날까 봐 거짓말을 했다.'라고 답했다. 다음으로는 '학교 숙제를 하기 싫어 숙제가 없다고 부모님께 거짓말을 했다.'라고 답한 학생이 79명으로 많았다.
　이외에도 성적과 학교 생활과 관련된 거짓말이 많아 이에 대한 지도가 절실하게 필요할 것으로 판단된다.

27쪽 창의성

1 예 지금 당장 손해를 보는 일이 있더라도 정직해야 한다고 생각한다. / 정직은 살아가면서 절대 잊어서는 안 될 중요한 덕목이라고 생각한다. / 자주는 아니지만 때에 따라서는 필요한 거짓말도 있다.

A-3 착한 거짓말은 해도 되는가

29쪽 배경지식

1. 거짓말

30쪽 배경지식

2. 1 선의, 착한

   2 ⓔ 나와 상대방의 마음을 모두 편안하게 하는 거짓말이 착한 거짓말이라고 생각한다.

   3 ⓔ 어린 동생의 예쁜 마음을 지켜 주기 위해 산타클로스가 있다고 거짓말을 하는 경우 / 발표를 잘 못해 슬퍼하는 친구에게 잘했다고 말해 주는 경우 / 자른 머리가 어울리지 않는 친구에게 예쁘다고 말한 경우

31쪽 배경지식

3 ⓔ

32쪽 문제 알기

1 ⓔ

자신의 입장 선택하기	찬성	유보 ✓	반대
그렇게 생각한 까닭	나는 착한 거짓말을 해도 된다고 생각한다. 왜냐하면 착한 거짓말로 여러 사람이 행복해질 수도 있기 때문이다.		

자신의 입장 선택하기	찬성	유보 ✓	반대
그렇게 생각한 까닭	나는 착한 거짓말에 대한 생각을 유보한다. 왜냐하면 착한 거짓말의 장단점을 조금 더 생각해 보고 생각을 결정할 필요가 있기 때문이다.		

자신의 입장 선택하기	찬성	유보	반대 ✓
그렇게 생각한 까닭	나는 착한 거짓말이라도 거짓말을 하면 안 된다고 생각한다. 왜냐하면 착한 거짓말도 결국에는 거짓말이고 나중에 사실을 알게 되었을 때 거짓말을 들은 사람이 실망할 수 있기 때문이다.		

33쪽 문제 알기

2 1 ⓔ 장 발장을 진실한 마음으로 도와주고 위로하여 스스로 잘못을 깨우쳐 바르게 살게 하려고

   2 ⓔ 미리엘 신부에게 감동을 받아 다시는 똑같은 잘못을 저지르지 않을 것이라고 다짐하였을 것이다. / 너무 고마워서 평생 은인으로 여길 것이다.

35쪽 문제 해결 방법 알기

2 자세히 설명하기, 예를 들기, 인용하기

36쪽 글쓰기

1 ⓔ 〈찬성 쪽〉

나는 착한 거짓말을 한 미리엘 신부의 행동이 옳다고 생각합니다.

장 발장은 오랜 세월 동안 감옥 생활을 한 후에 지긋지긋한 감옥에서 나왔습니다. 그의 마음속에는 세상에 대한 증오와 미움이 가득했습니다. 이때 또다시 도둑질을 하게 된 장 발장에게 미리엘 신부의 착한 거짓말이 없었다면 장 발장은 영영 자신의 잘못을 뉘우치지 못하고 나쁜 길을 걸었을 것입니다.

미리엘 신부의 착한 거짓말 덕분에 장발장은 더 이상 세상에 대한 미움을 가지게 되지 않고 착한 사람이 되어 훌륭한 인생을 살 수 있었습니다.

이렇듯 착한 거짓말은 사람의 인생을 바꿔 놓을 수 있습니다. 따라서 저는 미리엘 신부의 착한 거짓말이 좋은 선택이었다고 생각합니다.

ⓔ 〈반대 쪽〉

나는 착한 거짓말을 한 미리엘 신부의 행동이 옳지 않다고 생각합니다.

착한 거짓말은 일시적인 효과만 있을 뿐입니다. 물론 이야기 속 장 발장처럼 잘못을 뉘우치고 훌륭한 인생을 살아가는 사람도 있을 수 있습니다. 하지만 일상생활에서는 착한 거짓말로 인해 사람 간의 신뢰가 깨지는 경우도 있고 오히려 상대방에게 상처를 줄 수도 있습니다.

현재의 힘든 상황을 모면하기 위해 착한 거짓말을 하는 경우도 있지만 그 어떤 경우에도 근본적인 해결책이 될 수 없습니다.

세상은 항상 진실이 더 큰 힘을 가지고 있습니다. 따라서 착한 거짓말보다는 진실을 바탕으로 다른 사람을 진정으로 도울 때 더 큰 변화가 있을 것입니다.

37쪽 창의성

1 예 ◆ 장군이 거짓말을 한 까닭: 우리 조선 수군의 사기가 떨어지고 왜군의 사기가 높아질 것을 걱정해서
◆ 장군의 죽음이 알려진 뒤 생겼을 일: 전세가 완전 역전되어 노량 해전에서 왜군에게 크게 패했을 수도 있을 것이다.

B 나를 찾는 술래잡기

B-1 빵점 대장 우건이

41쪽 배경지식

1 예 시험 / 째지는 가슴
2 예 친구야, 힘을 내렴. 공부가 인생의 전부는 아니야. 그리고 지금부터 최선을 다한다면 얼마든지 공부를 잘할 수 있어.

42쪽 배경지식

3 각자 자율성을 점검해서 몇 점인지 확인해 본다.

43쪽 낱말 익히기

1 넉살, 얼렁뚱땅, 말허리, 반대말

44쪽 예측하기

1 1 국어, 국어 공부

2 〈우건〉 예 회색 / 알림장을 보신 엄마가 무슨 말씀을 하실까 하는 생각에 마음이 먹구름이 낀 것처럼 답답할 것 같아서
〈엄마〉 예 검은색 / 선생님께서 보내신 알림장의 내용을 읽고 우울할 것 같아서

45쪽 내용 파악하기

1 너무 잘 웃어서

46쪽 내용 파악하기

2 우건이가 세상에서 가장 맑은 눈으로 자신을 쳐다봐서

47쪽 내용 파악하기

3 반대말
4 화를 누르고 우건이가 이해할 수 있도록 차분하게 이야기하였다.

48쪽 내용 파악하기

5 어렵다고 생각했던 국어 문법을 찾아 매일 스스로 공부하겠다는 것

49쪽 내용 정리하기

1 (×) (×) (×)
(○) (×) (×)
(○) (○) (○)

2 예

인물	인물의 행동	성격
우건이	◆ 너무 잘 웃어서 친구들은 '웃건이'라고 놀리지만, 그러거나 말거나~	성격이 좋다. / 밝고 유쾌하다.
엄마	◆ 엄마는 우건이의 말허리를 자르지 않고 들어 줍니다. ◆ 하지만 엄마는 화를 누르고 우건이가 이해할 수 있도록 차분하게 이야기합니다.	자상하다. / 아이를 존중해 준다. / 참을성이 많다.

50쪽 느낌·생각

1 예

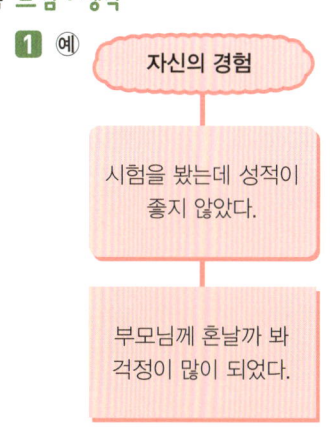

2 예

- 우건: 성격이 밝고 쾌활하다. / 국어를 어려워한다. / 엉뚱하다. (차이점)
- 비슷한 점: 좋은 엄마를 가졌다.
- 나: 조용하다. / 국어를 좋아한다. / 진지하다. (차이점)

51쪽 느낌·생각

3 예 20○○년 5월 20일 날씨: 맑음
제목: 국어 박사가 될 테야

나는 평소에도 늘 국어가 자신 없었다. 그런데 오늘 국어 쪽지 시험에서 빵점을 맞은 것이다. 반대말 쓰는 시험이었다. 너무 어려웠다.

알림장을 보시고 엄마가 화를 내실 줄 알았는데 화를 내시는 대신 반대말에 대해 자세히 설명해 주셨다. 그동안 국어는 재미없고 어렵다고만 생각했는데, 알고 나니 그리 어렵지 않았다.

앞으로 국어 공부를 열심히 해서 국어 박사가 되기로 결심했다.

52쪽 창의성

1 1 공부는 미래를 위한 보험이다. 왜냐하면 열심히 공부하면 나의 행복한 미래를 보장받을 수 있기 때문이다.

2 시험은 먹기 싫지만 몸에는 좋은 보약이다. 왜냐하면 공부해야 해서 싫고 힘들지만 결국 나에게 도움이 되기 때문이다.

53쪽 창의성

2 1 친구들이 나머지라 놀릴까 걱정이 되어서
2 누가 뭐래도 큰길로 가겠다.
3 용기, 자신감

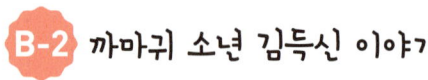

55쪽 배경지식

1 예 조선 시대에 살던 바보가 공부 때문에 어려움을 겪는 이야기일 것 같다.

2 예 1 공부를 못한다고 훈장님께 혼나서 울고 있는 것 같다.
2 좌절하지 말고 꾸준히 공부에 최선을 다하렴. 그러면 언젠가 네가 원하는 것을 얻을 수 있을 거란다.

56쪽 배경지식

3 1 예 소년, 어른(아버지, 훈장님 등), 까마귀

2 예
공통으로 나오는 동물	까마귀
그린 까닭	무엇을 배워도 금방 잊어버리는 까마귀 소년이라는 것을 재미있게 표현하기 위해

57쪽 배경지식

4 김득신

58쪽 낱말 익히기

1 술술, 아장아장, 토닥토닥
조잘조잘, 무럭무럭, 느릿느릿
덩실덩실, 퍼뜩, 통통

61쪽 내용 정리하기

1 예
- 주위 사람들이 까마귀 소년을 머리가 나쁘다고 놀림.
- 아버지가 돌아가셔서 무덤 옆에 초막을 짓고 삼년상을 치름.
- 빼어난 시인이 되어 자기 무덤 앞에 새길 글을 스스로 지음.

2 예
인물의 말과 행동	삶의 태도
◆ '난 머리가 나쁘니까 다른 사람보다 더 많이 읽어야겠어.' ◆ 책 한 권을 한 번, 두 번…… 열 번, 백 번…… 천 번까지 읽었어요.	최선을 다한다. / 자신의 부족함을 알고 노력한다.
◆ 아버지는 토닥토닥 달래 줬어요. ◆ "잘했다. 공부는 꼭 과거를 보기 위한 것은 아니란다."	부족한 자식을 사랑으로 감싸 준다. / 아들에게 희망을 준다.

62쪽 느낌·생각

1 "재주가 남보다 못하다고 스스로 한계를 짓지 마시오. 나처럼 어리석은 사람도 드물지만 마침내는 뜻을 이루었다오. 모든 것은 노력하는 데에 달려 있을 뿐이오."

2
◆ 낙숫물이 바윗돌을 뚫는다.	○
◆ 가는 말이 고와야 오는 말이 곱다.	
◆ 백지장도 맞들면 낫다.	
◆ 천재는 1%의 영감과 99% 땀으로 이루어졌다.	○
◆ 우물을 파도 한 우물만 파라.	○

3 ㉑ 어떤 일이든 최선을 다하면 좋은 결과를 얻을 수 있다.

B-3 초등학교에서 시험은 필요한가

65쪽 배경지식

2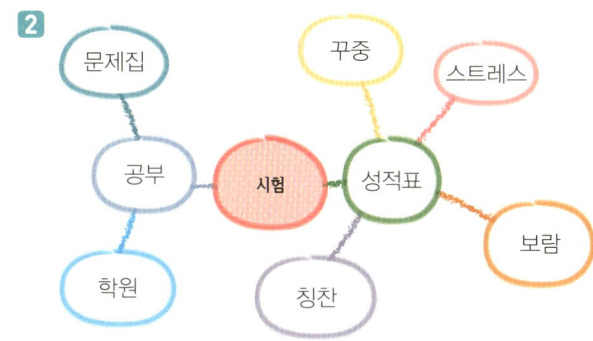

66쪽 배경지식

3 1 시험을 보고 채점하는 상황
  2 가슴이 쭉 째지는 것 같다.
  3 가슴이 펄쩍 뛴다.
  4 나는 틀리고 딴 애가 맞았을 때
  5 미희가 나보다 시험을 더 잘 쳐서

68쪽 문제 해결 방법 알기

1 ㉑

주장	초등학교에서 시험은 폐지해야 한다.	초등학교에서 시험은 유지되어야 한다.
그렇게 생각한 까닭	– 지나친 경쟁을 유도한다. – 학업 스트레스가 심하다. – 창의력을 떨어뜨린다.	– 시험은 스스로를 평가하는 좋은 기회이다. – 학생들의 실력이 점차 낮아질 것이다. – 수업을 집중해서 듣지 않을 것이다.

2 ㉑ 폐지 ✓

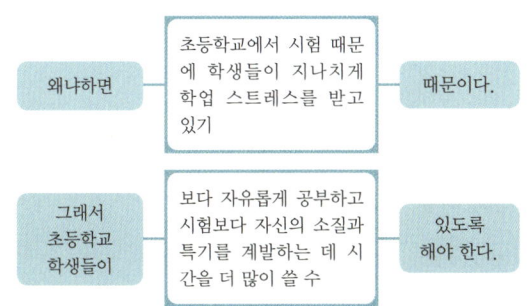

유지 ✓

왜냐하면 – 초등학교에서 시험은 스스로 학습 능력을 점검하여 더 높은 실력으로 향상시키는 데 도움이 되기 – 때문이다.

그래서 초등학교 학생들이 – 정기적으로 시험을 봐서 자신의 실력을 키우고 학습 능력을 점검하는 시간을 가질 수 – 있도록 해야 한다.

69쪽 문제 해결하기

1 1 늘어나고 있다.
  2 주관적 행복 지수, 성적 압박이나 학습 부담이 크기

70쪽 문제 해결하기

2 1

	많다	적다
	○	
	○	
		○
		○
	○	

  2 학업 스트레스

71쪽 문제 해결하기

3 1 반대, 찬성
  2 – 학습 동기 유발의 효과가 있다.
   – 학부모에게 자녀의 학업 성취도, 학업 이해 수준을 알려 준다.
   – 교사에게 학급을 운영하며 적용한 교수·학습 방법의 객관적 타당성을 검증해 준다.

72쪽 문제 해결하기

4 (시험은 필요하지 않다) ①, ②, ④, ⑦, ⑧
 (시험은 필요하다) ③, ⑤, ⑥, ⑨

73쪽 초고 쓰기

1 ㉑ 〈반대 쪽〉

제목	초등학교 시험은 폐지가 정답
서론	〈글을 쓰게 된 문제 상황〉 요즘 초등학생들이 시험, 학원 등으로 인해 학업 스트레스가 점차 심해지고 있는 상황이다.
본론	주장: 초등학교에서 시험은 필요하지 않다. 근거: ▶ 학생에게 스트레스를 유발한다. ▶ 초등학생의 수면 시간이 절대적으로 부족하다. ▶ 학원비 같은 사교육비를 줄일 수 있다.
결론	초등학생들의 건강한 심신의 발달을 위해 초등학교에서의 시험은 폐지되어야 한다.

해답

예 〈찬성 쪽〉

제목	초등학교 시험은 실력 향상의 지름길
서론	〈글을 쓰게 된 문제 상황〉 요즈음 초등학교에서 일제 평가 방식의 시험을 모두 없앤다는 의견이 나오고 있다.
본론 주장	초등학교에서 시험은 필요하다.
본론 근거	▶ 초등학생에게 시험은 학습의 효과를 높이는 도구이다. ▶ 어느 분야에서든 선의의 경쟁은 긍정적인 발전을 가져온다. ▶ 초등학생에게 시험은 자신을 평가할 수 있는 기회이다.
결론	초등학생들의 학습 능력 점검 및 지속적인 실력 향상을 위해서는 초등학교에서 시험은 유지되어야 한다.

74쪽 글쓰기

1 예 제목: 초등학교 시험은 폐지가 정답!

요즈음 초등학생 10명 중 9명이 학원을 다니거나 과외를 받고 있다. 그리고 초등학생 1인당 사교육비는 2012년 이후 꾸준히 늘어 가고 있다. 최근 조사 결과에 따르면 이러한 이유 때문에 초등학생들의 학업 스트레스는 상당히 심한 것으로 나타났다.

나는 초등학교에서 시험은 (필요하지 않다)고 생각한다. 그렇게 주장하는 까닭은 다음과 같다.

첫째, 학생들에게 스트레스를 유발한다. 시험이 다가오면 학생들은 시험에 대해 잘 쳐야 한다는 부담감과 불안한 마음을 가진다. 최근 조사한 자료에 의하면 우리나라 초등학생의 주관적 행복 지수가 OECD 국가 중에서 최하위권에 해당한다고 한다. 이 조사 결과에서 보는 것처럼 학생들은 많은 시험으로 인해 몸과 마음이 피곤해지고 더욱 많은 스트레스를 받게 된다.

둘째, 학교 시험을 준비하다 보면 자연히 수면 시간이 부족해진다. 잘 자고 잘 먹고 건강하게 자라야 하는 성장기의 학생들에게 충분한 수면 시간은 굉장히 중요하다.

셋째, 학원비 같은 사교육비를 줄일 수 있다. 학생들이 시험 성적을 잘 받기 위해서 학원을 다니는 경우가 많다. 그래서 시험이 없어진다면 사교육비를 줄일 수 있을 것이다.

건강한 신체에 건강한 정신이 깃든다는 말이 있다. 그것처럼 몸이 건강해야 공부도 잘할 수 있기 때문에 초등학생들의 건전한 성장을 위해서 초등학교에서의 시험을 폐지해야 한다고 생각한다.

75쪽 창의성

1 1 예 고민과 걱정이 있을 때 부모님과 대화를 한다.

2 예 부모와 자녀가 함께 대화를 하면 행복해져요.

C 더불어 살아가는 우리

C-1 까만콩 갈라콩 얼룩콩

79쪽 배경지식

1 필리핀

80쪽 배경지식

2 다문화, 다문화

3 늘어나고, 높아진다

81쪽 낱말 익히기

1 움츠러들다, 물리치다
발그레해지다, 무관심
거칠게, 울리고

82쪽 예측하기

1 1 예

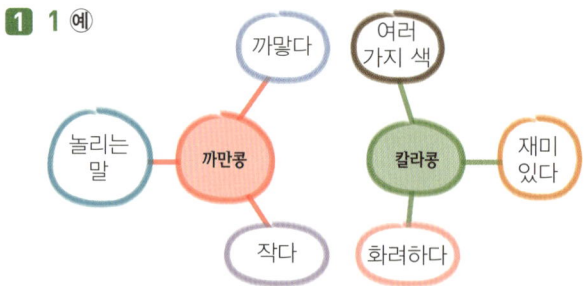

2 ■ 예 피부가 까맣고 키가 작아서일 것이다.
■ 예 뭔가 색깔 있는 가루를 뒤집어 써서 까만콩이 변하였을 것이다.

3 1, 2에서 답한 것을 생각하여 자유롭게 그려 본다.

83쪽 내용 파악하기

1 싸움을 말리지 않고 구경하였다. / 재호한테 지라고 소리쳤다.

84쪽 **내용 파악하기**

2 ㉮ 부모님 중 한 분이 까만 피부를 가진 외국 사람이기 때문일 것이다.

85쪽 **내용 파악하기**

3 자기 피부가 남들보다 진하다고 놀리는 건 엄마를 놀리는 것 같아서

86쪽 **내용 파악하기**

4 둘이 같이 칠판을 지우는 것

87쪽 **내용 정리하기**

1 ㉮

- 별명: 까만콩, 칼라콩
- 별명이 붙은 까닭: 까만 피부를 가져서 / 까만콩이 분필 가루를 뒤집어 써서
- 어머니의 국적: 필리핀

- 재호가 붙인 별명: 얼룩콩
- 별명이 붙은 까닭: 색색의 분필 가루를 뒤집어 써서
- 어머니의 국적: 대한민국

2 ○, ○, ×, ×

3

88쪽 **느낌·생각**

1 ㉮

피부색이 다른 친구도 우리와 같은 친구이기 / 누구라도 같은 반 친구가 될 수 있기

2 , , ,

89쪽 **창의성**

1 ㉮ 2. 친구의 이름을 정중하게 부릅니다.
3. 친구를 차별하지 않습니다.
4. 친구에 대한 편견을 갖지 않습니다.

90쪽 **작품화 하기**

1 다양한 나라의 모습을 떠올려 자유롭게 그려 본다.

나의 다짐 ㉮ 생김새가 다르다고 차별하지 않고 다문화 친구들과 다문화 이웃들과 더불어 살아가기에 힘쓰겠습니다.

C-2 우리의 도움이 필요해요

92쪽 **배경지식**

1 1 ㉮ 지하철, 버스, 자동차

2 ㉮ 지하철
3 대중교통

93쪽 **배경지식**

2

95쪽 **내용 파악하기**

2 1 이 광고는 (상품 광고, ⓒ공익 광고)이다. 왜냐하면 공공의 이익을 위해 만들어진 광고이기 때문이다.

2 도움, 다른 나라

3 ㉮ 흑백 사진과 칼라 사진을 함께 사용한 점이 인상적이다. / 사진의 흑백의 조화로 과거와 현재의 상황을 나타내 주는 것이 흥미롭고 인상적이다.

4 성찬

96쪽 **느낌·생각**

1 1 ㉮ 깨끗한 물을 구할 수 없다는 것 / 물이 부족하고 물을 공급받을 펌프가 부족한 것

2 15

3 1000, 1만

97쪽 **창의성**

1 실제 그림을 그리거나 알맞은 사진을 찾아 붙여 공익 광고를 완성해 본다.

㉮

C-3 다른 나라의 어려움도 도와야 하는가

99쪽 배경지식

1. 교통, 통신
2. 지구촌

100쪽 배경지식

3. 예 – 시·도: 대전광역시
   – 시·군·구: 동구
   – 동: 용전동
   – 이름: 홍민준
   – 세계시민

4. 각자 표시해 본다.

101쪽 문제 알기

1.  각 나라마다 정부와 국민을 위한 제도가 있으므로 도와주지 않아도 된다.

    우리나라가 우리 국민에 대해 애쓰는 만큼 다른 나라 사람들의 아픔에도 관심을 두어야 한다. 모두 소중한 사람이기 때문이다.

2. 예 다른 나라의 어려움도 도와야 하는가

102쪽 문제 해결 방법 알기

1. 예 에콰도르 친구들아, 나는 홍민준이라고 해. 지진으로 인해 많은 피해를 입었다고 들었어. 힘들겠지만 조금만 더 힘을 내렴! 지금 세계의 많은 사람들이 너희 나라의 아픔을 생각하며 돕기 위해 최선을 다하고 있단다. 혼자가 아님을 기억했으면 좋겠다. 힘이 없는 어린이지만 나도 도울 수 있는 일이 있는지 생각하여 작지만 힘이 될 수 있도록 노력할게!

103쪽 문제 해결 방법 알기

2. ① 예 백혈병에 걸려 아픔을 겪고 있다. / 골수 이식을 위한 수술비가 없어 수술을 하지 못하고 있다.

   ② 예 용돈을 조금씩 모아 후원금을 보낸다. / 어른들에게 알려 더 많은 사람들의 도움을 받을 수 있게 한다. / 힘을 내라고 응원의 메세지를 담아 보낸다.

104쪽 문제 해결 방법 알기

3. 예 수아, 가장 가까운 우리나라 사람의 아픔을 돕는 일이 최우선이고, 여력이 있을 때 다른 나라 사람을 도와야 한다고 생각하기 때문이다. / 에콰도르 어린이, 예상치 못한 지진으로 당장의 생존에 큰 어려움을 겪고 있기 때문이다.

105쪽 문제 해결하기

1. 예 ☑ 찬성, 다른 나라의 어려움도 보듬어 가자
   ☑ 반대, 우리나라 사람을 돕는 일이 세계를 돕는 길

2. 예

106쪽 개요 쓰기

1. 예 〈찬성 쪽〉

제목	다른 나라의 어려움도 보듬어 가자
서론	얼마 전 에콰도르에서 7.8 규모의 강력 지진이 발생했는데 여러 구호 단체들이 발 벗고 나서 에콰도르의 국민들을 도왔다.
본론 주장	다른 나라의 어려움도 도와야 한다.
본론 근거	▶ 우리나라도 도움을 받은 적이 있다. ▶ 우리는 세계시민이다. ▶ 우리보다 어려운 사람들을 돌아볼 여유가 있다.
결론	지금 세계는 서로 도우며 살아가고 있으므로 우리나라도 어려움에 처한 나라를 도우며 우리가 진 빚을 갚아 나가야 한다.

예 〈반대 쪽〉

제목	우리나라의 어려움을 먼저 돕자.
서론	우리나라 곳곳에 어려움을 겪는 사람들이 너무나 많다.
본론 주장	다른 나라의 어려움을 돕지 말아야 한다.
본론 근거	▶ 우리나라에도 어려운 사람이 많다. ▶ 우리나라를 먼저 돕는 길이 곧 세계를 돕는 길이다. ▶ 자기 나라의 문제는 스스로 극복할 힘을 길러 주어야 한다.
결론	다른 나라의 어려움을 돌보는 일도 중요하다. 그러나 우리나라 국민들의 어려움을 먼저 돌보는 일이 우리의 역할이다.

107쪽 창의성

1 예 제목: 다른 나라의 어려움도 보듬어 가자

서론▶ 얼마 전 에콰도르에서 7.8 규모의 강력 지진이 발생해 수백 명의 사람이 숨진 일이 있었다. 이에 월드비전 등의 긴급 구호 단체들은 발 벗고 나서 에콰도르의 국민들을 도왔다.

본론(주장과 근거)▶ 나는 이처럼 우리도 다른 나라의 어려움도 도와야 한다고 생각한다. 왜냐하면 첫째, 우리나라도 도움을 받은 일이 있기 때문이다. 6.25 전쟁 당시 40개가 넘는 나라들이 우리나라를 도와주었으며 유니세프에서는 우유와 학용품을 보내 주어 생활에 필요한 자원을 공급해 주었다.

둘째, 우리에게는 세계시민이기 때문이다. 교통수단과 통신의 발달로 세계는 한 나라, 한 마을처럼 가까워졌다. 다른 나라 사람들도 우리의 이웃이 되었다. 그렇기 때문에 우리는 세계시민 의식을 가지고 어려운 이웃들을 도와야 한다.

셋째, 우리는 우리보다 어려운 사람들을 돌아볼 여유가 있기 때문이다. 우리나라에서는 많은 음식물이 버려지고 있지만, 지구 반대편에서는 굶주려 죽는 사람들이 많이 있다. 우리에게 남는 것을 버리고 낭비하기보다 부족한 사람들에게 나누어 준다면 우리는 나누어 주는 큰 기쁨을 느낄 수 있을 것이다.

결론(본문 요약 및 강조)▶ 지금 세계는 서로 도움을 주고받으며 살아가고 있다. 이러한 시대를 살아가는 우리도 다른 나라의 어려움을 보듬어 우리가 진 빚을 갚아 나가야 할 것이다.

D 생명 사랑의 실천

D-1 암소 음메의 모험

111쪽 배경지식

1 - 시각 장애인
- 우유, 되새김질
- 운반

112쪽 낱말 익히기

1 먹이, 지배, 풀, 나무, 가축

2 질겅질겅, 허겁지겁, 부스스

113쪽 예측하기

1 1 탈출, 음메, 도살장

2 예 아마도 거짓말쟁이들이 주인공을 힘들게 하는 원인이 될 거야. / 암소 음메는 호기심이 많아 농장 밖 세상이 궁금해서 탈출하는 이야기일 거 같아. / 암소 음메는 여러 번의 탈출 끝에 결국 행복을 찾게 되나 봐.

114쪽 내용 파악하기

1 예 건초와 복합 사료를 먹으며 되새김질하고 젖을 짜는 것이 행복이라고 생각하기 때문에

115쪽 내용 파악하기

2 요즘 젖소 값이 비싸기 때문에

116쪽 내용 파악하기

3 날 때부터 일찍 도축된다고 이름을 붙여 주지 않았기 때문에

4 예 불쌍하다고 생각했을 것이다. / 안쓰러웠을 것이다. / 속상했을 것이다.

117쪽 내용 파악하기

5 예 총을 맞아 상처가 나 소 값이 떨어질까 걱정되어서 / 소 값이 비싸기 때문에

118쪽 내용 파악하기

6 점백이 아줌마

7 예 송아지와 자유롭게 살고 싶어서

119쪽 내용 정리하기

1
음메가 젖만 짜며 지내는 게 싫어 도망을 친다.	1
음메가 송아지, 점백이 아줌마와 함께 소들이 많이 모이는 도살장으로 실려 간다.	4
음메가 목장으로 돌아와 난동을 피운다.	3
주인 아저씨가 산 너머 마을 축사로 음메를 데리러 온다.	2
음메와 송아지가 도살장 밖으로 뛰어나간다.	5

2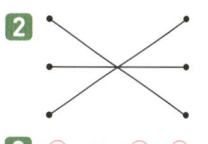

3 ○, ×, ○, ○

120쪽 느낌·생각

1 예 - 옳다, 엄마를 만나고 싶어 하는 음메나 송아지를 그대로 죽게 하지 않으려고 자신이 희

생한 것이기 때문이다.
- 옳지 않다. 젖소의 본래 임무는 젖을 짜는 것이며, 사람을 놀라거나 다치게 난동을 부리는 것은 나쁘기 때문이다.

2 예 – 음메, 젖소를 포함해 모든 동물도 행복할 권리가 있고 어떤 일에 호기심을 갖고 의문을 품는 것은 좋은 행동이기 때문이다.
- 점백이 아줌마, 처음의 생각과는 달리 발버둥쳐서 점백이 아줌마가 결국 죽음을 당하기는 했지만, 정해진 운명을 거스르지 않고 살아가는 것이 모두 편안하게 사는 길이기 때문이다.
- 얼룩이네, 복잡하게 생각하기보다는 순간순간을 즐기는 게 좋기 때문이다.

121쪽 창의성

1 , ,

2 예 – 진우, 병아리를 던지면서 재미있어 하는 것은 옳지 않아. 병아리는 아직 날지 못하는 작고 소중한 생명이고, 우리와 똑같이 아픔을 느낄 수 있기 때문이야.
- 승효, 지렁이가 징그럽게 생겼다고 함부로 생명체를 대하는 것은 옳지 않은 행동이기 때문이야.
- 은비, 강아지를 입양하자는 네 제안이 정말 멋져. 강아지를 입양하는 것은 상처 입은 강아지를 보듬어 안아 강아지의 새 가족이 되어 주는 일이기 때문이야.

122쪽 작품화 하기

1 예 음메와 송아지가 도살장에서 벗어나 도로로 달려 나간다. 갑자기 나타난 암소와 송아지 때문에 교통이 마비된다. 교통 방송에 방송이 되고, 급기야 근처의 동물 보호 단체에서 나와 음메와 송아지를 보호한다. 주인 아저씨가 나타나 데려가자 하자, 송아지의 영양 상태가 너무 나쁘다고 하며, 영양 실조 진단을 내린다. 주인 아저씨와 동물 보호 단체에서 잘 협의를 해서 송아지가 성장할 때까지 음메가 맡아 키우도록 한다. 잠시지만 음메와 송아지에게 자유가 생긴 것이다. 음메는 이 자유가 영원했으면 좋겠다는 생각을 하면서 송아지를 정성껏 돌본다.

D-2 강아지를 길에 버리지 맙시다

124쪽 배경지식

1 제안

2

제안하는 글의 내용	짜임
전국에서 발생하는 유기 동물의 수가 매년 10만 마리나 됩니다.	문제 상황
반려동물을 사지 말고 입양했으면 좋겠습니다.	제안
그렇게 하면 버려진 동물들이 안락사 되는 것을 막을 수 있기 때문입니다.	까닭

125쪽 배경지식

3 1 유기 동물 보호소
   2 7
   3 안락사

낱말익히기

1 반려, 유기, 안락, 입양

126쪽 내용 정리하기

1 예

짜임	내용
제목	강아지를 길에 버리지 맙시다
문제 상황	• 한 해 동안 약 10만 마리 정도의 유기 동물들이 버려지고 있다. • 동물 보호소에 맡겨진 유기 동물 4마리 중 1마리는 안락사를 당한다.
제안	강아지를 길에 버리지 말았으면 좋겠다.
까닭	• 떠돌아다니다 차에 치여 죽거나 동물 보호소에서 안락사 당하는 것을 막을 수 있다. • 유기 동물을 보호하는 데 드는 많은 비용을 아낄 수 있어 국가 경제에 도움이 된다.

127쪽 내용 정리하기

2 예 – 치료비나 주사 값, 사료 등 키우는 데 비용이 많이 들기 때문입니다. / 새끼일 때는 예쁘지만 자라면서 너무 커지고 예쁘지 않다는 생각이 들기 때문입니다.
예 – 거리를 떠돌다 차에 치여 죽을 위험도 있고, 상한 음식을 먹어 병에 걸리는 등 반려동물의 생명에 위협이 되기 때문입니다.

128쪽 느낌·생각

1 1 동물 등록제
   2 예 반려견을 잃어버렸을 때 주인을 빨리 찾아 줄 수 있고, 해마다 늘고 있는 유기견의 수를 줄일 수 있어서
   3 예 각자 자신의 의견을 정해 봅니다.

129쪽 작품화 하기

1 1 예

짜임	내용
제목	동물 등록제, 꼭 시행합시다
문제 상황	매년 전국에서 발생하는 유기 동물의 수가 약 10만 마리나 된다.
제안	동물 등록제를 적극적으로 시행했으면 좋겠다.
까닭	▶ 동물 등록제를 통해 내장형 마이크로칩을 심으면 그 칩에 담긴 정보로 잃어버린 동물의 주인을 쉽게 찾아 줄 수 있어 유기 동물을 줄일 수 있을 것이다. ▶ 고의로 반려동물을 버리는 일이 줄어들 것이다.

2 예

> **동물 등록제, 꼭 시행합시다**
>
> 전국에서 발생하는 유기 동물의 수가 매년 약 10만 마리나 된다는 통계가 있습니다. 유기 동물들은 동물 보호소에 맡겨져 7일 동안 공고된 후 얼마 지난 뒤까지 주인이 찾으러 오지 않거나 입양되지 않으면 안락사로 죽음을 맞이하게 됩니다.
> 따라서, 내장형 마이크로칩을 심는 동물 등록제를 적극적으로 시행했으면 좋겠습니다. 모든 반려견의 주인들이 동물 등록제에 참여한다면 만약 자신의 반려견을 잃어버렸을 때 쉽게 찾을 수 있습니다. 그리고 주인이 고의로 반려동물을 버리는 일을 막을 수 있을 것입니다.

D-3 의약품 개발을 위해 동물을 이용해도 되는가

131쪽 배경지식

1 1 떠돌이 개 중 유달리 영특하고 얌전했기 때문에
2 가속도와 높은 온도를 견디지 못하고 로켓이 발사된 지 7시간 만에 심장 박동이 평소보다 3배 더 빨리 뛰다가 죽게 되었다.
3 인간을 우주로 보내는 데 필요한 많은 정보를 수집하여 최초의 인간 우주 비행사가 우주 비행에 성공할 수 있었다.

133쪽 문제 해결 방법 알기

2

	민희	영재
주장	무분별한 동물 실험은 금지되어야 한다.	동물 실험은 이루어져야 한다.
그렇게 생각한 까닭	동물들도 소중한 생명체이고 존중받아야 할 권리가 있기 때문이다.	동물 실험이 없었다면 우주 비행을 나선 사람들 중에 많은 희생자가 생겼을 것이기 때문이다.
동물의 생명에 대한 관점	동물도 모두 소중한 생명체이고 존중받을 존재이다.	인간을 위해서라면 동물이 희생되는 것은 어쩔 수 없다.

3 예 ☑ 민희
- 그렇게 생각한 까닭: 예 동물과 사람의 생명은 동등하게 소중하고 가치 있다고 생각하기 때문이다.

☑ 영재
- 그렇게 생각한 까닭: 예 꼭 필요하지 않은 목적을 위해 동물을 희생시키는 것은 옳지 않지만, 인류의 생명을 유지하기 위해서나 우주 개발과 같은 중요한 일을 위해 동물을 이용하는 것은 불가피하다고 생각하기 때문이다.

4 얼마만큼 동의하는지 각자 표시해 본다.

135쪽 문제 해결 방법 알기

2 1 동물 내의 생체 반응을 통해 약물의 부작용을 예측하고 더 안전한 약물을 만들어 나갈 수 있다.
2 • 동물 역시 인간과 마찬가지로 고통을 느낀다.
• 동물 실험 대신 환자 관찰, 인간 세포와 조직을 이용한 실험, 컴퓨터 시뮬레이션을 통한 연구 등의 다른 방법을 적절히 활용하여 많은 정보를 얻을 수 있다.

3 예 〈찬성 쪽〉
- 자신의 입장: 의약품 개발에 동물을 이용할 수 있다.
- 그렇게 생각한 까닭: 사체나 환자 관찰 등을 이용한 의약품 연구에는 한계가 있으며, 동물 내의 생체 반응이 사람과 비슷하여 부작용을 예측하기 쉽기 때문이다.

〈반대 쪽〉
- 자신의 입장: 의약품 개발에 동물을 이용해서는 안 된다.
- 그렇게 생각한 까닭: 동물도 소중한 생명체이며, 사람과 똑같이 고통을 느끼기 때문이다.

4 예 ■ 찬성 쪽: 동물 실험으로 지키는 의약품 안전
■ 반대 쪽: 동물 실험 금지로 지켜 내는 생명 존중의 길

136쪽 문제 해결하기

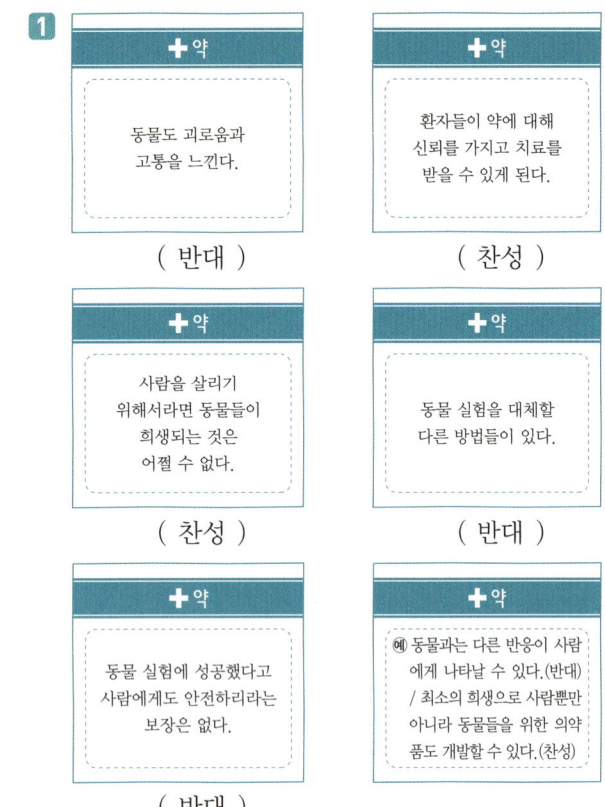

137쪽 초고 쓰기

1	제목	동물 실험 금지로 지켜 내는 생명 존중의 길
	서론	▶ 토끼의 눈 점막을 이용한 의약품 실험 이야기 ▶ 의학 실험을 위해 좁은 상자에 갇혀 있는 흰 토끼들 그림
	본론 - 주장	의약품 개발을 위해 동물을 이용해서는 안 된다.
	본론 - 근거	▶ 동물도 인간과 비슷하게 괴로움과 고통을 느낀다. ▶ 동물 실험을 대체할 다른 방법들이 있다. ▶ 동물의 생명과 사람의 생명은 동등하게 소중하다.
	결론	동물과 사람의 생명은 무엇이 더 소중하다고 말할 수 없다. 괴로움과 고통을 느낄 동물을 이용하여 실험하기보다는 대체할 방법들을 연구하여 동물과 사람이 모두 행복하게 살 수 있는 세상을 만들어야 할 것이다.

138쪽 글쓰기

1 예 제목: 동물 실험 금지로 지켜 내는 생명 존중의 길

서론▶ 얼마 전 의약품 개발을 위해 흰 토끼가 작은 상자 안에 갇혀 있는 상황을 그린 그림을 보았다. 그 그림은 의약품이 안전한지를 알아보기 위해 토끼 눈 점막에 의약품을 묻혀 보는 실험을 하는 모습을 담은 것이라고 했다. 작은 상자 안에 갇혀 있는 토끼의 모습을 보니 마음이 아팠다. 의약품 개발을 위해 꼭 동물을 이용해야 할까?

본론(주장과 근거)▶ 나는 의약품 개발을 위해 동물을 이용하면 안 된다고 생각한다. 왜냐하면 첫째, 동물도 괴로움과 고통을 느낀다. 인간과 차이가 있다는 이야기도 있지만 기본적으로 동물들도 고통을 느낀다. 고통을 느낄 수 있다는 것을 알면서도 고통을 가하는 것은 너무나 무자비하고 비윤리적인 태도이다.

둘째, 동물 실험을 대체할 다른 방법들이 있다. 환자 관찰, 사체 실험, 컴퓨터 시뮬레이션 등 살아 있는 생명을 해치지 않으면서도 의약품의 안정성을 실험할 수 있는 방법이 많이 있다. 동물을 이용하기보다는 생명을 해치지 않는 방법을 적극 이용해야 할 것이다.

셋째, 동물의 생명과 사람의 생명은 동등하게 소중하다. 동물 실험은 사람의 생명이 동물의 생명보다 소중하다는 생각에서 나온 것이다. 하지만 이것은 사람에게서 나온 이기적인 발상이라고 생각한다. 동물과 사람의 생명은 똑같이 존중되어야 한다.

결론(본론 요약 및 강조)▶ 사람의 생명이 소중하다면 동물의 생명 역시 똑같이 소중한 것이며, 사람이 고통스럽다면 동물 역시 똑같이 고통을 느낄 것이다. 그렇기 때문에 동물을 이용하여 실험을 하려 하기보다는 대체할 방법들을 부지런히 연구하여 소중한 생명을 희생시키지 않는 방법을 활용하여 의약품을 개발해야 할 것이다. 그래서 동물과 사람이 모두 행복하게 살 수 있는 세상을 만들어야 한다.

139쪽 창의성

1 예 꼭 필요할 경우 동물 실험을 하되, 파블로프처럼 동물의 생명을 사랑하고 존중하는 마음을 잃지 않는 것이 필요하다고 생각한다.

■ 글
- 〈내일은 내일이야〉, 김상규 / 12쪽
- 〈광수 광수씨 광수놈〉, 박광수, 홍익출판사 / 20쪽
- 〈15년간 어린이 안전 지킴이 활동하는 용인의 '뻥튀기 아저씨' 화제〉, 용인소식 제185호, 용인시 / 23쪽
- 〈정직하면 손해 본다?〉, 김장수 / 27쪽
- 〈내 죽음을 알리지 마〉, 양보혜, 어린이동아(2014. 4. 1.) / 37쪽
- 〈시험〉, 권현석 / 31쪽, 66쪽
- 〈걱정이다〉, 정익수 / 41쪽
- 〈뺑점 대장 우건이〉, 김상규 / 45쪽
- 〈큰길로 가겠다〉, 김형삼 / 53쪽
- 〈조선 제일 바보의 공부〉, 글 정희재, 그림 윤봉선, 책읽는곰 / 59쪽
- 〈까만콩 칼라콩 얼룩콩〉, 김상규 / 83쪽
- 〈암소 음메의 모험〉, 김상규 / 114쪽
- 〈세상에서 가장 특별한 개 이야기〉, 이향안, 수경출판사 / 139쪽

■ 이미지
- 〈벤자민 프랭클린〉 사진, Jim, the Photographer, flickr / 19쪽
- 〈어느 독서광의 일기〉, 방송 장면, EBS 지식채널e / 57쪽
- 〈김득신 묘비〉 사진, 증평군청 / 62쪽
- 〈김연아〉 사진, ㈜올댓스포츠 / 63쪽
- 〈발레리나 강수진의 발〉 방송 장면, EBS / 63쪽
- 〈엄마, 나를 포기하세요!〉 표지, 좋은책어린이 / 75쪽
- 〈잔소리 없는 날〉 표지, 보물창고 / 75쪽
- 〈그림 도둑 준모〉 표지, 낮은산 / 75쪽
- 〈티니클링〉 사진, Marlon E, flickr / 79쪽
- 〈할로할로〉 사진, Ernesto Andrade, flickr / 79쪽
- 〈망고〉 사진, Cary Newman, flickr / 79쪽
- 〈세부〉 사진, Roy Chan, flickr / 79쪽
- 〈안녕, 우리 친구하자〉 포스터, 조혜련, 박주연, 문화체육관광부 제5회 대학생 광고 공모전 우수상 / 90쪽
- 〈아빠, 우리 큰 차 타요〉 포스터, 이제석광고연구소 / 92쪽
- 〈60년전 전쟁 고아가 지금은 다른 고아들의 어머니가 되었습니다〉 포스터, 이제석광고연구소 / 94쪽
- 〈에콰도르 지진 피해〉 사진, UNICEF Ecuador, flickr / 102쪽, 104쪽
- 〈안내견〉 사진, smerikal, flickr / 111쪽
- 〈젖소〉 사진, Cedar Summit Farm, flickr / 111쪽
- 〈말〉 사진, Andrei Niemimaki, flickr / 111쪽
- 〈사지 말고 입양하세요〉 사진, 마더캣 / 124쪽
- 〈라이카의 별〉 표지, 킨더주니어 / 131쪽
- 〈의약품 개발〉 사진, Canadian Film Centre, flickr / 134쪽
- 〈이반 페트로비치 파블로프〉 사진, Deschiens, wikimedia commons / 139쪽

> EBS 미디어는 이 책에 실린 모든 글과 이미지의 출처를 찾기 위하여 최선의 노력을 기울였습니다.
> 저작권자를 찾지 못하여 허락을 받지 못한 글과 이미지는 저작권자가 확인되는 대로 통상의 사용료를 지불하겠습니다.

MEMO